イタリア語文法
徹底マスター

著者 堂浦律子
協力 Alessandro W. Mavilio

Alla memoria del prof. Masaaki Fujimura,
dell'Università degli Studi Stranieri di Osaka.

イラスト：BBCat（斉藤）
カバーデザイン：佐々木　義洋

はじめに

　この本は，独習の学習者でも無理なく進められ，しっかりとしたイタリア語文法の知識が習得できるようにつくられた文法学習書です。ここで学んだ文法の知識が使いこなせれば，日常会話はもちろん，メールを書いたり小説を読んだりすることも十分可能です。また，会話やリスニングにも活かせるよう豊富な内容を収録したCDを添付しています。

　イタリア語をある程度勉強したけれど文法は苦手という人も，読者として想定しています。イタリア語文法は，土台から確実に積み上げていくことが大切です。この本では，「何をどの時点で学ぶか」を重視して，段階的な学習ができるように配慮しています。すでに習った事を踏まえて次の事柄が学べるので，無理なく理解できます。断片的な知識が整理され，総合力向上につながります。

　この本を最大限に活用していただくために，「本書の使い方」をぜひ一読してください。読者の皆さんが自分に合った使い方を見つけて，イタリア語学習に役立ててくださるよう祈っています。

　最後に，本書の企画提案を採用し，刊行を実現してくださった駿河台出版社編集部の山田仁さんに心から感謝いたします。友人の Alessandro Mavilio さんを"協力者"として得られたのは大きな喜びです。彼は，私のさまざまな疑問や質問に，一つ一つ丁寧に答えてくれました。また，「再帰動詞」の用語に関してご指摘を賜った恩師の池田廉先生（旧大阪外国語大学名誉教授），授業での経験を活かし，学習者の立場にも立って数多くの貴重な指摘をしてくださった吉冨文さんに，厚くお礼申し上げます。

筆　者

本書の使い方

　この本は，28の「**課**」と，課の間に適宜挟まれた **EXTRA** という11の小さな課，そして4つの**動詞のまとめ**で構成されています。各課は，「**この課のポイント**」「**ターゲット**」「**文法ノート**」「**さらに詳しく**」「**練習問題**」「**この課の新出単語**」から成り立っています。（なお，一部，「さらに詳しく」がない課もあります。）

　「**この課のポイント**」は，その課で学ぶ文法事項の重要な点を，簡潔にまとめてあります。最初に一読してから本文を学習し，最後にもう一度，本文の内容を思い返しながら読むと効果的です。

　「**ターゲット**」には，その課で扱う文法事項を使った例文が挙げてあります。重要な文なので，完全に暗記してください。ＣＤの音声の後に続いて何度も練習するとよいでしょう。

　「**文法ノート**」は，文法事項の解説です。太字や下線などで強調してある部分にとくに気をつけて，しっかり読んで内容を理解してください。発音しながら覚えていくことも重要です。CDの音声のある箇所は，聴きながら音読しましょう。とりわけ，動詞の活用は大切ですので，完全に覚えてください。"注意"の記述では，留意するべき点を指摘しています。"参考"は，ざっと読んでおいてください。

　「**さらに詳しく**」は，その課の文法事項の中で，やや複雑でレベルの高い内容をまとめてあります。勉強のしかたについては，後述の「効果的な学習方法」を参考にしてください。

　「**練習問題**」は，難易度別にＡ，Ｂ，Ｃに分かれています。文法事項が理解できているか確認するだけでなく，会話に使える文や表現を多く学ぶこともできます。一部，解答の音声もありますので，大いに利用してください。なお，練習Ｃは「さらに詳しく」の内容を習得してから行うようになっています。

「この課の新出単語」には，「練習問題」に必要な単語も記載しています。「さらに詳しく」と「練習C」の単語は別枠にしています。この本は，辞書を使わなくても学べるようになっていますが，辞書を用いて自分で単語を調べ，さらに語彙を増やしていくとよいでしょう。

「EXTRA」は，「課」ほど内容が多くはないものの，同じく重要な事項が記載されています。課と課の間にあるので，そのままの順にしたがって学習してください。「動詞のまとめ」は，イタリア語で最も重要な要素のひとつである"動詞"を総合的に理解できるよう，4つに分けてまとめたものです。動詞に関する文法事項を学んだ後に，復習として読んでください。どの時点で読めばよいかは本文（練習問題の後）に記載してあります。

効果的な学習方法

＊初めてイタリア語文法を学ぶ人は，第1課からEXTRAも含めて順次学習してください。既習の単語や文法事項を踏まえて新しい課に進み，積み重ねていくしくみになっていますので，段階的に無理なく学習できるはずです。基本のみをまず一通り学びたいという人は，「さらに詳しく」および「練習C」を除いて最後の課まで学習することもできます。そして，第1課に戻って順に「さらに詳しく」と「練習C」を進めていくとよいでしょう。

＊文法の他に，会話や講読，検定試験のための勉強なども並行して行っている人は，「さらに詳しく」と「練習C」を含めて課の全部の内容を習得してから，次の課に進むのがよいでしょう。

＊すでにかなり文法の知識がある人は，練習問題から始めることもできます。正解が出せなかった場合，本文をしっかり読んで理解し，知識を整理して確実なものにしていきましょう。

| Lezione | 1 | 文字と発音 | 008 |

　　EXTRA 1　あいさつなどの表現　013

| Lezione | 2 | 名詞 | 015 |

　　EXTRA 2　数詞・その1（1〜31）　022

Lezione	3	形容詞	024
Lezione	4	主語，動詞 essere，「〜がある」の文	031
Lezione	5	定冠詞，指示語，所有形容詞	039

　　EXTRA 3　前置詞　050

　　EXTRA 4　数詞・その2（30〜）　053

Lezione	6	規則動詞・その1 ──基礎（活用を中心に）	055
Lezione	7	規則動詞・その2 ──応用（疑問文や否定文など）	066
Lezione	8	不規則動詞・その1	071
Lezione	9	不規則動詞・その2	080

　　EXTRA 5　時を表す単語のまとめ（曜日，月，季節）　086

| Lezione | 10 | 疑問詞 | 088 |

　　EXTRA 6　感嘆文　097

Lezione	11	補語人称代名詞	099
Lezione	12	特殊な動詞 piacere（「〜が好きだ」という表現）	110
Lezione	13	補助動詞	116

　　EXTRA 7　数詞・その3（序数と分数）　125

| Lezione | 14 | 接続詞を使った文／時間の表現 | 127 |
| Lezione | 15 | 再帰動詞 | 137 |

　　動詞のまとめ・その1　144

もくじ

Lezione 16 命令法	148
Lezione 17 近過去・その1 —— avere を使うもの	155
Lezione 18 近過去・その2 —— essere を使うもの	164
Lezione 19 半過去, 大過去	172
Lezione 20 未来形	180
EXTRA 8　先立未来	186
動詞のまとめ・その2	188
Lezione 21 比較級と最上級	191
Lezione 22 ジェルンディオ	199
Lezione 23 関係代名詞	206
Lezione 24 受動態	213
Lezione 25 si の用法（受動態と非人称）, 代名小詞 ci と ne	218
EXTRA 9　非人称動詞と非人称構文	227
Lezione 26 接続法	229
動詞のまとめ・その3	241
Lezione 27 条件法	243
動詞のまとめ・その4	250
Lezione 28 仮定文	253
EXTRA 10　遠過去	258
EXTRA 11　先立過去	260
解答編	261

Lezione 1 文字と発音

❖ この課のポイント ❖

- アルファベットは英語のアルファベットと同じだが，外来語や固有名詞などにしか使われない文字もいくつかある。
- 発音はローマ字読みと共通する部分がかなりあり，カタカナ書きをそのまま読んでもイタリア語に近い発音が可能である。
- 一方，ローマ字読みと異なるものや特殊な読みをするものもあるので，それには注意を要する。
- アクセントの位置については，多くの語に共通する規則があるが，別の規則もあるので，各語ごとに覚えるのが確実。

アルファベット（alfabeto） `CD2`

A a	ア	B b	ビ	C c	チ	D d	ディ
E e	エ	F f	エッフェ	G g	ジ	H h	アッカ
I i	イ	L l	エッレ	M m	エンメ	N n	エンネ
O o	オ	P p	ピ	Q q	ク	R r	エッレ
S s	エッセ	T t	ティ	U u	ウ	V v	ヴィ
Z z	ゼータ						

＊「ヴィ」はもともとは「ヴ」だったが，最近は「ヴィ」という読みが主流。

通常使わない文字

以下の文字は，外来語や固有名詞にのみ使う。

- J j ｛イ ルンガ／イ ルンゴ｝　K k カッパ　W w ｛ドッピア ヴ／ドッピオ ヴ｝
- X x イクス　Y y イプスィロン／｛イ グレーカ／イ グレーコ｝

＊ J，W の読みは2通り。Y は「イプスィロン」を含めて3通り。

母音

a ア　e エ　i イ　o オ　u ウ

> **注意**
> 日本語の母音と発音はほぼ同じ。単独でも，子音との組み合わせにおいても，ローマ字と同じ読み方をする。英語読みにならないよう注意すること。なお，厳密には，e と o について開口音と閉口音の2種類がある。

つづりと発音の関係

イタリア語では，つづりとその音の関係はわずかな例外を除いて1対1に決まっている。英語と比較してみると，

英　語　ca̲t / ca̲ke　同じ ca のつづりでも，下線部の発音は異なる。

イタリア語　ca のつづりなら，どの単語の中でも「カ」と発音。

つまり，10，11ページの表のつづりの読み方は，どの単語の中でもほとんどその読みになることを示している。

アクセント　　　　　　　　　　　　　　　　　　　　CD3

- アクセントのある母音は，音が長くなる。あるいはあまり音を伸ばさずやや高くする場合もある。
- アクセントは，大多数の単語では表記されない。（下の単語の下線は便宜上付けたもの）
- 後ろから2番目の音節にアクセントがある単語が圧倒的に多い。

　　Mila̲no　Tori̲no　italia̲no　pa̲sta　spaghe̲tti

- 後ろから3番目の音節にアクセントがある単語もある。

　　Na̲poli　Ge̲nova　ca̲mera　po̲polo

- 最後の音節にアクセントのある単語は，アクセント記号が表記される。アクセント記号は ` と ´ の2種類。1音節の単語で表記されるものもある。

　　caffè　tè　città　verità　lunedì　sì
　　perché　benché （´のアクセント記号がつくのは接続詞など少数）

子音

母音以外の音。ほとんどの単語は，子音と母音の組み合わせで成り立っている。

つづりと発音の関係

以下の表は，子音と母音の組み合わせのつづりの発音を，もっとも近いカタカナ表記で表したものである。グレーの箇所に注意。

b	ba バ	be ベ	bi ビ	bo ボ	bu ブ
c	ca カ	che ケ	chi キ	co コ	cu ク
	cia チャ	ce チェ	ci チ	cio チョ	ciu チュ
d	da ダ	de デ	di ディ	do ド	du ドゥ
f	fa ファ	fe フェ	fi フィ	fo フォ	fu フ
g	ga ガ	ghe ゲ	ghi ギ	go ゴ	gu グ
	gia ジャ	ge ジェ	gi ジ	gio ジョ	giu ジュ
			gli リ		
	gna ニャ	gne ニェ	gni ニ	gno ニョ	gnu ニュ
h	ha ア			ho オ	
l	la ラ	le レ	li リ	lo ロ	lu ル

h は発音されない。

m	ma マ	me メ	mi ミ	mo モ	mu ム
n	na ナ	ne ネ	ni ニ	no ノ	nu ヌ
p	pa パ	pe ペ	pi ピ	po ポ	pu プ
q	qua クア	que クエ	qui クイ	quo クオ	qu ク
r	ra ラ	re レ	ri リ	ro ロ	ru ル
s	sa サ・ザ	se セ・ゼ	si シ・ジ	so ソ・ゾ	su ス・ズ
	scia シャ	sce シェ	sci シ	scio ショ	sciu シュ
t	ta タ	te テ	ti ティ	to ト	tu トゥ
v	va ヴァ	ve ヴェ	vi ヴィ	vo ヴォ	vu ヴ
z	za ザ・ツァ	ze ゼ・ツェ	zi ジ・ツィ	zo ゾ・ツォ	zu ズ・ツ

qはふつう後ろにuを伴う。
sとzは，単語によって濁る音と濁らない音がある。また両方の発音がある単語もある。

練習問題

 練習問題Ⓐ　　　　　　　　　　　　　　　　　　　　　　CD4

① 次の語を読んでみましょう。

　　1. CD　　**2.** TV　　**3.** PC　　**4.** DNA

② 次の単語を読んでみましょう。アクセントの位置は，すべて最もよくあるものです。子音が重なる場合はローマ字と同様つまる音になります。

　　1. giapponese　　**2.** amici　　**3.** Bologna
　　4. biglietto　　**5.** amiche

 練習問題Ⓑ

① 次の単語を読んでみましょう。アクセントの位置は，さまざまです。「er」のつづりは，英語読みの「アー」ではなく「エル」と読みます。

　　1. macchina　　**2.** bottiglia　　**3.** università　　**4.** scherzo

EXTRA 1
あいさつなどの表現

CD5

Buongiorno.　おはようございます。こんにちは。さようなら。
　目上や初対面の人，あまり親しくない人に対して用いる丁寧なあいさつ。使う時間帯は午後の早い時間まで。

Buonasera.　こんばんは。さようなら。
　用いる相手は Buongiorno と同じ。午後から夜まで。

　＊ともに，別れのあいさつとしても使う。また，用途は日本語の同じあいさつ　より広く，客として店に入った時などにも使う。

Ciao.　やあ。バイバイ。
　身内，親しい人同士が出会った時に用いる。初対面でも若い人同士なら使える場合もある。時間帯は問わない。別れのあいさつとしても使う。

Buonanotte.　おやすみなさい。
　親しさに関係なく，就寝前や，夜遅い時間の別れのあいさつとしても使う。

Piacere.　はじめまして。よろしく。
　初対面のあいさつ。名前を名乗り，通常握手をしながら言う。

Arrivederci.　さようなら。
　目上や初対面の人，あまり親しくない人に対して用いる。親しい人にも使うが，非常に親しい場合はふつう ciao を用いる。時間帯は問わない。

Grazie.　ありがとう（ございます）。

Prego. どういたしまして。
「どうぞ」という意味でもよく使う。

No, grazie. 結構です。
断るときに用いる。

Sì. *アクセント記号付きのìを用いる。 / No. はい。/ いいえ。

(Va) bene. （調子が）いいです。OKです。
元気かどうかを聞かれて答えたり（その場合はvaは付けない），相手の話を承諾したりするときに用いる。

短いあいさつでも，相手によって話し方が変わる場合がある。1）親しい相手1人，2）目上，親しくない相手1人，3）親しさにかかわらず複数の相手，その3種類により表現が変わる。

名前を聞く
1) Come ti chiami ?　　2) Come si chiama ?
　名前を言う。Mi chiamo ～　（姓名とも言う場合は，ふつう名・姓の順）

調子はどうか（元気か）聞く
1) Come stai ?　　2) Come sta ?　　3) Come state ?

　元気だと答え，お礼を言う。Bene, grazie.

相手にも聞く
1) E tu ?　　2) E Lei ?　　3) E voi ?

謝る，あるいは「すみませんが」と話しかける
1) Scusa.　　2) Scusi.　　3) Scusate.

Lezione 2 名詞

❖ この課のポイント ❖

- すべての名詞は，男性名詞・女性名詞のどちらかに属する。区別は，語尾（語末の1字）に注目すること。
- 複数形は，単数形の語尾（語末）の1字が変わる。変わり方には規則がある。
- 「1つの〜」「ある〜」という意味を持つ語を不定冠詞という（英語の a に相当する）。名詞の前に置かれる。名詞が男性か女性かによって形が異なる。
- 「〜をください。」という表現は，per favore を用いる。

ターゲット

CD7

Un cappuccino, per favore.
　カプチーノ1つください。

Una pasta, per favore.
　ケーキ1つください。

Due cappuccini e due paste, per favore.
　カプチーノ2つとケーキ2つください。

文法ノート

名詞の性（男性名詞と女性名詞）

すべての名詞は男性，女性のいずれかに属する。人間の場合は実際の性別に属するが，他の場合にはその性に属している合理的な理由はない。多くは，語尾によって男性名詞か女性名詞かの区別が可能である。

男性名詞　語尾が **-o** または **-e**
ragazzo（少年）libro（本）
giornale（新聞）

注意
giornale や chiave のように -e で終わる名詞には，男性，女性両方がある。語尾による区別ができないので，単語ごとに男女の別を覚える必要がある。

女性名詞　語尾が **-a** または **-e**
ragazza（少女）rivista（雑誌）
chiave（鍵）

＊人名も，男性が -o，女性が -a となるパターンが多い。
　Paolo（男），Paola（女）/ Francesco（男），Francesca（女）
　Mario（マーリオ　男），Maria（マリーア　女）など。

不定冠詞

「1つの～」「ある～」という意味を持つ。通常，数えられる名詞に用いる。基本的に，男性名詞には **un**，女性名詞には **una**

un ragazzo　/　una ragazza

名詞の複数形の語尾変化

	単数	複数	単数	複数
男性名詞	-o	**-i**	-e	**-i**
女性名詞	-a	**-e**	-e	**-i**

以下は，単数形と複数形（ここでは 2 = due という数を用いる）の例。

 un libro due libri
 una rivista due riviste

次の名詞は，通常複数形で使うのですでに複数形になっている。 CD8

scarpe（靴 女）　occhiali（眼鏡 男）　guanti（手袋 男）

pantaloni（ズボン 男）　spaghetti（スパゲッティ 男）

＊ただし，「靴1足」というときは，un paio di scarpe（1組の靴）という。di は前置詞で「〜の」。
paio の複数形は特殊で paia。「靴2足」なら due paia di scarpe。

アクセント記号のつく名詞

以下のように，アクセント記号のある名詞（アクセント記号は語末の1字につく）がある。名詞全体における割合はわずかである。
アクセント記号を有する名詞は，男性女性両方ある。

  caffè（コーヒー 男）　tè（紅茶 男）　città（都市，町 女）

複数形は単数形と同じで語尾は変化しない。したがって，due caffè，due tè などとなる。

-io で終わる名詞

-io で終わる単語の複数は本来 -ii であるが，1つ省略される単語が多い。
 例　単 dizionario（辞書）　複 dizionari
 ＊ただし，-io でも，zio（おじ）のように i にアクセントのある単語では，zii となる。

〜, per favore.「〜をください」

買い物や注文のときに用いることができる表現で，"欲しいもの" の語の後ろに置く。数えられる名詞では，1つなら不定冠詞を，複数形ならその数を，いずれも名詞の前に入れる。

2種類の場合は，英語の and にあたる e でつなぐ。たとえば，バール（bar。コーヒーショップのこと）で注文する時，次のように言う。

名詞　17

Un caffè e due paste, per favore.
コーヒー1つとケーキ2つください。

 さらに詳しく・・・

不定冠詞に関するその他の規則

　母音で始まる名詞について，女性名詞にはアポストロフォ＝英語のアポストロフィ（'）を用いた省略形 un' を使う。男性は母音でも関係なく un。省略形は女性のみなので注意すること。

　　un'amica（女性の友だち）　　un amico（男性の友だち）

　zおよびs＋子音（st, sp など）で始まる名詞について，男性名詞には uno を使う。女性名詞は関係なく una。

　　uno studente（男性の学生）　una studentessa（女性の学生）

名詞の男女における例外

　先に示した名詞の男女の規則には若干の例外があり，語尾が -a の男性名詞，語尾が -o の女性名詞がいくつかある。不定冠詞はあくまでも名詞が男性か女性かの区別に従う。複数形は以下のとおり。

　　un problema（問題 男）　　複 problemi
　　una mano　　（手 女）　　複 mani

複数形で注意の必要な単語

　複数変化において語尾の発音とつづりに注意が必要な単語がある。-co の複数形は -ci（チ）と -chi（キ）の2通り。-ca は -che（ケ）となる。

　　単 amico　　　　　　　　　複 amici（アミーチ）
　　単 cuoco（男性の料理人）　複 cuochi（クオーキ）
　　単 amica　　　　　　　　　複 amiche（アミーケ）

　全く不規則な変化をする語もある。

　　単 uomo（男の人）　　　　複 uomini

子音で終わる名詞

子音で終わる名詞は主に外来語である。ほとんどが男性名詞で，数えられる名詞の複数は単数と同形である。

　　un bar （バール 男）　　　un film （映画 男）

部分冠詞

部分冠詞は，数えられる名詞，数えられない名詞の両方に用いられる。

<u>数えられる名詞</u>の複数形には，「いくつかの〜」「何人かの〜」という意味を表す部分冠詞を用いることがある。

男性形は2種類ある。基本の形は dei。母音で始まる名詞，また z および s ＋子音（st や sp など）で始まる名詞が複数になったものには degli。女性形は1種類のみで delle。

　　dei libri / degli amici / degli studenti // delle amiche

<u>数えられない名詞</u>に部分冠詞を用いると，「いくらかの〜」という意味になる。

男性名詞には3種類，女性名詞には2種類ある。基本形は，男性名詞には del，女性名詞には della。母音で始まる名詞には男女とも dell'。z および s ＋子音（st, sp など）で始まる男性名詞には dello。

　　del vino（ワイン）　dell'aceto（酢）　dello spumante（発泡性ワイン）
　　della birra（ビール）　dell'acqua（水）

練習問題

練習問題Ⓐ　　　　　　　　　　　　　　　　　　　　　CD9

1　以下は文法ノートに出てきた名詞です。不定冠詞をつけましょう。

　　1. rivista　　**2.** ragazzo　　**3.** giornale
　　4. libro　　**5.** ragazza　　**6.** chiave

2　練習A−1の名詞を複数形にしてみましょう（数は必要なし）。

練習問題Ⓑ

1 以下の名詞が男性か女性かを確認して，不定冠詞をつけましょう。

　　1. penna（ペン）　　**2.** quaderno（ノート）　　**3.** casa（家）
　　4. borsa（かばん）　**5.** dizionario（辞書）　　**6.** fiore（花 男）

2 練習Ｂ－１の名詞を複数形にしてみましょう（数は必要なし）。

3 以下の名詞が男性か女性かを確認して，不定冠詞をつけましょう。
その後，「～を１つください。」という形で言いましょう。

　　1. gelato（アイスクリーム）　　**2.** tramezzino（サンドイッチ）
　　3. panino（パニーノ：丸いパンのサンドイッチ）
　　4. pizza（ピッツァ）　　**5.** pasta（ケーキ）

4 次のものを１つずつ注文してみましょう。２つの語をつなぐときにはeを使います。

　　1. カプチーノとパニーノ　**2.** アイスクリームとサンドイッチ
　　3. コーヒーとケーキ　　　**4.** 紅茶とピッツァ

5－① 練習Ｂ－４のそれぞれを，２つずつ注文してみましょう。

5－② 次に前者を１つと後者を２つ，注文してみましょう。

この課の新出単語

- cappuccino　カプチーノ
- pasta　ケーキ
- ragazzo　少年・若者
- ragazza　少女・若い女性
- libro　本
- giornale　新聞
- rivista　雑誌
- chiave　鍵
- scarpe　靴
- occhiali　眼鏡
- guanti　手袋
- pantaloni　ズボン
- spaghetti　スパゲッティ
- un paio di ～　1組の～
- caffè　コーヒー
- tè　紅茶・お茶
- città　都市
- dizionario　辞書
- zio　おじ
- bar　バール，コーヒーショップ
- penna　ペン
- quaderno　ノート
- casa　家
- borsa　かばん
- fiore　花
- gelato　アイスクリーム
- tramezzino　サンドイッチ
- panino　パニーノ
- pizza　ピッツァ

☞ 名詞の男女は本文で確認すること

「さらに詳しく」＋練習©の単語

- amico　（男の）友だち
- amica　（女の）友だち
- studente　（男の）学生
- studentessa　（女の）学生
- problema　問題
- mano　手
- cuoco　料理人
- uomo　男性
- film　映画
- vino　ワイン
- aceto　酢
- spumante　発泡性ワイン
- birra　ビール
- acqua　水

EXTRA 2
数詞・その1（1～31）

1～10　　　　　　　　　　　　　　　　　　　　CD10

1	uno	2	due	3	tre	4	quattro
5	cinque	6	sei	7	sette	8	otto
9	nove	10	dieci				

　数字は，名詞の前では「2つの～」「3つの～」などの意味になる。名詞の男女の区別に伴う語尾変化はない。ただし，名詞の前にくる「1つの～」は uno でなく，名詞の男女に合わせた不定冠詞を使う。ゼロは，zero。

11～20　　　　　　　　　　　　　　　　　　　　CD11

11	undici	12	dodici	13	tredici
14	quattordici	15	quindici	16	sedici
17	diciassette	18	diciotto	19	diciannove
20	venti				

* dici は dieci (10) のこと。以下のように分解すると…
　　(11) un / dici　→　uno (1) / dieci (10)
　　(17) dici (a) / (s) sette　→　dieci (10) / sette (7)

　19まではどちらかのパターンに属するが，つづりが若干代わる（qua<u>tt</u>ordici, <u>se</u>dici など）ので，注意を要する。

21〜31

21	ventuno	22	ventidue	23	ventitré
24	ventiquattro	25	venticinque	26	ventisei
27	ventisette	28	ventotto	29	ventinove
30	trenta	31	trentuno		

＊次のように分解できる。(22) ventidue → venti (20) / due (2)

　ventitré は，tré というようにアクセント記号がつく。
　ventuno と ventotto は，venti の語尾 i が落ちて uno, otto と結合する。
　trentuno も，同様に trenta の語尾が落ちて uno と結合する。

Lezione 3 形容詞

❖ この課のポイント ❖

- 形容詞には2種類ある。
    - その1：名詞を修飾する形容詞。
    - その2：「～は…だ。」という形の文で，主語（～は）の様子や状態を説明する形容詞（"補語になる形容詞"という。）。
- 形容詞は，その1，その2とも，語尾が変化する。その1は，修飾する名詞の性（男性か女性か）と数（単数か複数か）に合わせて変化する。その2は，主語の性と数に合わせて変化する。
- 名詞を修飾する形容詞の位置は，原則として名詞の後ろ。

ターゲット

CD13

un ragazzo italiano
イタリア人の少年

un ragazzo giapponese
日本人の少年

Mario è italiano.
マリオはイタリア人だ。

Kazuya è giapponese.
和也は日本人だ。

☞ 女性形および複数形は文法ノートを参照し，併せて習得すること

文法ノート

この課では国名の形容詞を中心に学習する。

形容詞の語尾変化について

形容詞は，基本形（辞書に出ている形）が -o で終わるものと -e で終わるものの2種類がある。

例 italiano （イタリアの）　　giapponese （日本の）

これらが基本となる形であり，男性単数形である。「形容詞の男性単数形」とは，その形容詞が"修飾する名詞"が男性単数の場合，あるいは"説明する主語"が男性単数の場合に，それに合わせて使うときの形を指す。女性形や複数形に変化する場合，その語尾（語末の1字）が変化する。変化のしかたについては後述。

名詞を修飾する形容詞

修飾する名詞の性（男性・女性），数（単数・複数）によって，語尾が変わる。

主語を説明する形容詞

主語の性（男性・女性），数（単数・複数）によって，語尾が変わる。

形容詞の男・女，単・複の語尾変化

基本形：italiano　　　基本形：giapponese

	単数	複数	単数	複数
男性	-o italian**o**	-i italian**i**	-e giappones**e**	-i giappones**i**
女性	-a italian**a**	-e italian**e**	-e giappones**e**	-i giappones**i**

-e で終わる形容詞は男女同形である。複数形も男女同形で語尾が -i。

注意
女性複数とは，全員が女性あるいはすべてが女性名詞の場合を指す。男性女性混じっているときは，男性複数と見なす。

形容詞の用法

CD14

名詞を修飾する形容詞

原則として，形容詞は名詞の後ろに置かれる。(複数はここでは2人とする)

un ragazzo italian**o**　/　due ragazzi italian**i**
　　男 単　　　　　　　　　　　　男 複

una ragazza italian**a**　/　due ragazze italian**e**
　　女 単　　　　　　　　　　　　女 複

un ragazzo giappones**e**　/　due ragazzi giappones**i**
　　男 単　　　　　　　　　　　　男 複

una ragazza giappones**e**　/　due ragazze giappones**i**
　　女 単　　　　　　　　　　　　女 複

主語を説明する形容詞

「～は…だ。」という文型で形容詞を用いる場合，以下の例のようになる。主語の後の è と sono は，英語の be にあたる essere という動詞が主語に合わせて変化したもの。それぞれ is と are に相当する。(essere については，第4課「動詞 essere」で詳しく学ぶ。)

例 「（人名）はイタリア人だ。」

Mario è italian**o**. (男单)
Maria è italian**a**. (女单)

Mario e Antonio sono italian**i**. (マリオとアントニオ 男複)
Maria e Monica sono italian**e**. (マリーアとモニカ 女複)

例 「（人名）は日本人だ。」

Kazuya è giappones**e**. (和也 男单)
Mayumi è giappones**e**. (真由美 女单)

Kazuya e Hiroshi sono giappones**i**. (和也と弘 男複)
Mayumi e Miyuki sono giappones**i**. (真由美と美幸 女複)

国の名前とその形容詞　　CD15

国名の形容詞の語尾は -ese や -ano が多いが，特殊なものもあるので注意すること。

	国名	形容詞（男单）
イタリア	Italia	italiano
日　本	Giappone	giapponese
韓　国	Corea	coreano
中　国	Cina	cinese
フランス	Francia	francese
ドイツ	Germania	tedesco＊
イギリス	Inghilterra	inglese
スペイン	Spagna	spagnolo

語頭の文字は，国の名前は大文字，形容詞は小文字で書く。

＊ tedesco は，語尾が以下のようになる。
　男单 tedesco ／ 女单 tedesca
　男複 tedes**chi** ／ 女複 tedes**che**

形容詞

名詞の前に置かれる形容詞　　　　　　　　　　CD16

　名詞を修飾する形容詞は，原則として名詞の後ろに位置するが，名詞の前に置かれるものもある。通常の形容詞と同様，名詞の男女，単複によって語尾が変わる。

tanto（たくさんの）

　　tant**o** zucchero / tant**a** gente / tant**i** studenti / tant**e** ragazze

bello（美しい，すてきな）

　名詞の前に来ることがよくあり，その場合以下のようになる。名詞の男女，単複によってだけでなく，母音で始まる場合でも変わる。なおこの変化は指示形容詞 quello と同じ。（→第5課　指示語）

　　un **bel** cappotto / un **bell'**orologio / una **bella** giacca /
　　bei pantaloni / **begli** occhiali / **belle** scarpe

　強調する副詞 molto（とても）とともに使う場合は名詞の後ろに置かれ，通常の形容詞の変化をする。

　　前置：un bell'abito　　　後置：un abito molto bello

buono（おいしい，良い）

「良い」の意味では，前置の形であいさつの語や慣用句によく使われる。

　　Buongiorno.　**Buona**sera.
　　Buon appetito!　いただきます。/ おいしく食べてくださいね。
　　Buon viaggio!　よいご旅行を！
　　Buona domenica!　よい日曜日を！
　　Buono studio!　勉強がんばってね！
　　Buone vacanze!　よい休暇を！

　ふつうの形容詞として用いられる場合は，その規則に従う。（→第4課　主語，動詞 essere）

✓ 練習問題

 練習問題Ⓐ CD17

1 〈不定冠詞＋名詞＋形容詞〉である次の句をスタートとして、順に形容詞や名詞を代えて言ってみましょう。**1.** でできたものをもとにして **2.** をつくり、**2.** でできた句をもとに **3.** をつくるというように進めます。

＊1語を代えるのに伴い他の箇所の語尾も変わる場合があるので注意。

スタートの句　un giornale italiano

1. giapponese　　2. rivista　　3. macchina
4. coreano　　　5. dizionario

2 練習Ａ－1のスタートの句を、「2つの～」で始めましょう。できたものをスタートの句として、練習Ａ－1と同様に順に形容詞や名詞を代えて言ってみましょう。数は常に2つとします。

スタートの句　un giornale italiano → due .....

1. giapponese　　2. rivista　　3. macchina
4. coreano　　　5. dizionario

3 次の文をスタートの文として、順に主語や形容詞を代えて言ってみましょう。書き換えた文をもとの文として次の番号の文をつくること。

スタートの文　Anna è italiana.

1. Paolo　　2. spagnolo　　3. Luisa
4. tedesco　5. francese

4 次の文をスタートの文として、順に主語や形容詞を代えて言ってみましょう。書き換えた文をもとの文として次の番号の文をつくること。動詞は、主語が単数なら è、複数なら sono を使います。

| スタートの文 | Anna è italiana.

1. Anna e Marco 2. inglese 3. Carla e Lucia
4. tedesco 5. Carla e Franco

練習問題Ⓑ

1. 「靴」や「スパゲッティ」など複数形で使う以下の単語について，①「イタリア製の〜」②「日本製の〜」というように形容詞をつけましょう。

   1. scarpe 2. pantaloni 3. occhiali 4. spaghetti

練習問題Ⓒ

1. 次の名詞に「たくさんの」という形容詞をつけましょう。数えられない名詞は単数形のまま，数えられる名詞は複数になるので注意すること。

   1. vino   2. libro   3. fiore
   4. verdura 5. patata   6. birra

この課の新出単語

☐ macchina　車

「さらに詳しく」＋練習Ⓒの単語

☐ tanto　たくさんの 形　　☐ zucchero　砂糖　　☐ gente　女 人々
☐ bello　美しい・素敵な　　☐ cappotto　コート　☐ orologio　時計
☐ giacca　ジャケット　　　☐ abito　服　　　　　☐ buono　おいしい，良い
☐ giorno　日　　　　　　　☐ sera　夕方，晩　　　☐ appetito　食欲
☐ viaggio　旅行　　　　　 ☐ studio　勉強　　　　☐ vacanze　女 複 休暇
☐ verdura　野菜　　　　　 ☐ patata　じゃがいも

Lezione 4

主語，動詞 essere，「〜がある」の文

❖ この課のポイント ❖

- 主語人称代名詞には，1人称単数の「私は」，2人称単数の「君は」など数種あり，単に「主語」とも呼ばれる。
- 主語人称代名詞は省略されることもある。
- 動詞 essere は，英語の be に相当する動詞である。主語に合わせて「活用」する。
- 動詞の「活用」とは，主語によって動詞の形が変わることである。主語に合わせて変わった動詞の形を「活用形」と呼ぶ。「活用」については，essere に限らず他の動詞でも同様である。
- 「〜がある。」の文は，c'è 〜，あるいは ci sono 〜で始まる。それは「〜」の部分の名詞が単数か複数かによる。è，sono は essere の活用形。

ターゲット

CD18

Sono giapponese.
　　私は日本人です。

Sei cinese ?　　—— No, non **sono** cinese.
　　君は中国人？　　—— 中国人ではありません。

Lui è uno studente italiano.
　　彼はイタリア人の学生です。

Qui **c'è** un ristorante.
　　ここにレストランがある。

文法ノート

主語人称代名詞（主語）　CD19

1人称単数	私は	io
2人称単数	君は	tu
3人称単数	彼は	lui
	彼女は	lei
	あなたは	Lei
1人称複数	私たちは	noi
2人称複数	君たち（あなたたち）は	voi
3人称複数	彼らは・彼女たちは	loro

主語人称代名詞の使い方

- Lei は敬語で「あなた」。書くとき L は大文字を使うことがある。
- 主語人称代名詞は省略されることが多い。主語人称代名詞によって動詞の形が変わるため，動詞だけで主語が何かわかるからである。
- とくに，io, tu, noi, voi は，強調される場合以外は通常省略される。lui, lei, loro は省略されないことが多いが，文脈やニュアンスにもよる。
- 主語人称代名詞のほか，人の名前やものの名前などさまざまな名詞が主語になり得る。その場合いずれも3人称であり，単数か複数かで動詞を使い分ける。
- 小説などでは，lui の代わりに egli，lei の代わりに ella が用いられていることもある。
- 「それは」「それらは」を意味する英語の it, they に相当する主語としては esso などがある。文語なので，現代の通常のイタリア語ではほとんど用いられない。

essere（〜である）の活用　　CD20

essere は，「〜は…である。」の文型に使う動詞。英語の be に相当。以下のように主語に合わせて活用する。

io	sono
tu	sei
lui / lei / Lei	è
noi	siamo
voi	siete
loro	sono

essere ＋形容詞　　CD21

essere は次の文のように形容詞とともに使われることが多い。その時，主語の男女，単複に合わせて形容詞が語尾変化する。（→第3課　形容詞）

例 bravo（優秀な）

Lui **è** bravo. ／ Lei **è** brava.
Loro **sono** bravi. ／ Loro **sono** brave.

essere ＋名詞＋形容詞

数えられる単数名詞の前には不定冠詞を入れる。複数の場合冠詞は不要。

Sono un impiegato giapponese.
　　私は日本人の会社員です。

主語，動詞 essere，「〜がある」の文

Lei è un'impiegata cinese.
　彼女は中国人の社員です。

＊ un'は母音で始まる女性名詞に用いる不定冠詞。（→第2課　名詞「さらに詳しく」）

Lui è uno studente italiano. （ターゲット文）
　彼はイタリア人の学生です。

＊ unoは，zおよびs＋子音で始まる男性名詞に用いる不定冠詞。（→第2課　名詞「さらに詳しく」）

Loro sono impiegati coreani.
　彼らは韓国人の社員です。

essere を使った疑問文と否定文

疑問文
普通の文（平叙文）と同じ語順。文の最後，イントネーションを上げる。

　Lui è bravo？
　È bravo？　＊luiが省略される場合もある。

否定文
nonが動詞の直前に入る。

　Lui non è bravo.
　Non è bravo.　＊luiが省略される場合もある。

質問に対する答えの文
主語はほとんど省略される。

　Sì, è bravo.
　No, non è bravo.

> **注意**
> non èは「ノネ」と発音する。「ノンエ」ではない。

形容詞を強調する語 molto

形容詞を強調するには，その前に副詞 molto（とても）を入れる。この場合の molto は形容詞ではなく副詞なので，主語の性・数による変化はない。

Maria è **molto** gentile.
マリーアはとても親切だ。

Loro sono **molto** gentili.
彼らはとても親切だ。

Loro sono impiegati **molto** bravi.
彼らはとても優秀な社員だ。

molto を使った文の否定形は，「あまり〜ではない」の意味になる。

Non sei **molto** gentile.
君はあまり親切じゃない。

molto には形容詞「たくさんの〜」もある。使い方は tanto と同じ（→第3課　形容詞「さらに詳しく」）。

注意を要する形容詞

形容詞の語尾で，基本形（男性単数）が -co で終わるものは複数形に注意。男性複数形は2種類ある。女性複数形の語尾は1種類で -che のみ。

例 simpatico（感じがよい），stanco（疲れている）

	男性単数	女性単数	男性複数	女性複数
simpatico	-co	-ca	-ci	-che
stanco	-co	-ca	-chi	-che

＊ stanco は既習の形容詞 tedesco（ドイツの）と同じ変化をする。（→第3課　形容詞）

「～がある」の文

c'è ～，あるいは ci sono ～で始まる。「～」の部分が文の主語である。その語が単数の場合と複数の場合で，以下のように異なる文になる。

Qui c'è un negozio.
　ここに店が1軒ある。

Qui ci sono due negozi.
　ここに店が2軒ある。

ci は，「～がある」という文型に使う語で，c'è は ci è の縮まった形。
è は essere の3人称単数形。「～」(主語)の語が複数であれば，essere は3人称複数形の sono となる。
qui は「ここに」という意味の副詞。

練習問題

練習問題Ⓐ　　　　　　　　　　　　　　　　　CD24

1　以下の文を基本の文として，指定の主語を用いて書き換えましょう。

1. Sono sportivo.　私はスポーツが得意だ。(②のみ主語を省略する)
①彼女　②私たち（全員男性）　③彼ら　④彼女たち

2. Sono giapponese.　私は日本人だ。(④のみ主語を入れる)
①君（疑問文）　②私たち　③君たち（疑問文）　④彼女たち

3. Lui è italiano.　彼はイタリア人だ。(②③は主語を省略する)
①彼女　②君（疑問文・相手は男性）
③君たち（疑問文・相手は全員女性）
④ Lucia e Carla

練習問題Ⓑ

1 次の質問に対して，SìとNo両方の答えをつくりましょう。つけ加える語などの指示が（　）にある場合はそれに従うこと。主語はすべて省略できます。**3.** の il，**4.** の gli はいずれも定冠詞で，英語の the に相当します。（→第5課　定冠詞）課の最後にある「この課の新出単語」も参照のこと。

1. Maria è italiana ?
   —— Sì / No（否定文と，「スペイン人である」という文の2文にする）
2. Alessandro è gentile ?　　—— Sì（とても）/ No
3. Il vino italiano è buono ?　　—— Sì（とても）/ No（あまり）
4. Gli spaghetti italiani sono buoni ?
   —— Sì（とても）/ No（あまり）

2 次の質問をつくりましょう。それに対する答えは，Sì に続けて職業を加えた文にしましょう。（主語は **3. 4.** の質問の文のみつける。）

1. 君（男性）は日本人？　　—— 日本人の学生
2. 君（女性）は韓国人？　　—— 韓国人の学生
3. 彼はイタリア人？　　—— イタリア人のサッカー選手
4. 彼女は中国人？　　—— 中国人の女優

3 ①次の語を使って「〜が1つある（1人いる）」という文をつくりましょう。

1. イタリア語の本　　2. 英語の新聞　　3. 日本人の男子学生

②①でつくった文を，「2つある（2人いる）」に書き換えましょう。

主語，動詞 essere，「〜がある」の文

4 次の質問をつくり，それに対して，Sì と No 両方の答えをつくりましょう。つけ加える語の指示が（　）にある場合はそれに従うこと。（主語は **2. 4.** の質問のみつける。）

1. 君（男性）は疲れている？　　　—— Sì（とても）/ No
2. 彼女は感じがいい？　　　　　—— Sì（とても）/ No（あまり）
3. 君たち（全員女性）は疲れている？
　　　　　　　　　　　　　　　　—— Sì（とても）/ No
4. 彼らは感じがいい？　　　　　—— Sì（とても）/ No（あまり）

この課の新出単語

- studente 男／studentessa 女 学生
- qui ここに
- impiegato / impiegata 会社員
- gentile 親切な
- stanco 疲れている
- sportivo スポーツが得意な
- buono おいしい・良い
- calcio サッカー
- ristorante 男 レストラン
- bravo 優秀な
- molto とても 副・たくさんの 形
- simpatico 感じが良い
- negozio 店（複数は negozi）
- vino ワイン
- giocatore di calcio サッカー選手
- attrice 女優

Lezione 5
定冠詞，指示語，所有形容詞

❖ この課のポイント ❖

- 定冠詞は，特定化された「その～」，また「～というもの」を表す。英語の the に相当する語である。（用法は the と多少異なる部分がある。）
- 定冠詞には，伴う名詞の男女・単複により異なる，いくつかの語がある。
- 指示代名詞は，「これは～だ。」の「これは」。指示形容詞は「この～」。ともに questo という語である。
- 所有形容詞「私の」「君の」などは，ふつう名詞を伴い，その名詞の男女・単複によって形が異なる。
- 親族の名詞に所有形容詞が付いて「私の父」「彼の両親」などとなるときには，定冠詞の有無について規則がある。

ターゲット

Qui c'è un dizionario. 　　　　　　　　　　　CD25
—— **Questo** è **il** dizionario di Maria.
　　ここに辞書がある。　　—— これはマリーアの辞書だよ。

Che cosa è **questo**?
　　これは何ですか？

Questa è **una** pasta giapponese.
　　これは日本のお菓子です。

Questo è **mio** padre.
　　これは私の父です。

Questi sono **i miei** genitori.
　　これは私の両親です。

文法ノート

定冠詞　　　　　　　　　　　　　　　　　　　CD26

　以下の表のように，伴う名詞の男女・単複により異なるが，それだけではなく次の語の最初の音によっても異なる。

伴う名詞の男女	単数	複数	次の語の最初の音
男性	il	i	大部分の子音
男性	lo	gli	s＋子音（st, sp, sc など），z
男性	l'	gli	母音
女性	la	le	子音
女性	l'	le	母音

il libro / **i** libri　　　　**lo** studente / **gli** studenti
l'amico / **gli** amici　　**la** rivista / **le** riviste
l'amica / **le** amiche

不定冠詞と定冠詞の違い

　不定冠詞と定冠詞の用法の違いを見てみよう。初めの文では，dizionarioは文脈の中で初めて出てきているので"特定のもの"とはいえない。2番目の文では，どのdizionarioのことか，話し手と聞き手に共通の認識があるので，特定化されているといえる。

　　Qui c'è **un** dizionario.　　Questo è **il** dizionario di Maria.
　　（不特定－不定冠詞）　　　　（特定－定冠詞）

　　Questo è il dizionario di Maria　　これはマリーアの辞書だよ。
　　　＊ di は「～の」という意味の前置詞。（→ EXTRA 3　前置詞）
　　　＊ questo は「これは」という意味。（→後述）

questo（指示代名詞と指示形容詞）

questo という語には，指示代名詞と指示形容詞の働きがある。
ともに使われる名詞の男女，単複によって語尾変化をする。その変化は，-o で終わる形容詞と同じなので，次の表のようになる。

	単数	複数
男性	quest**o**	quest**i**
女性	quest**a**	quest**e**

指示代名詞は，「これは〜だ。」という文の「**これは**」にあたる。
以下は，「これは辞書だ。」「これは雑誌だ。」という文の単数形と複数形。

CD27

Questo è un dizionario. / Questi sono dizionari.
Questa è una rivista. / Queste sono riviste.

指示形容詞は「**この〜**」を表し，「〜」の名詞の前におかれる。
以下は，「この本はおもしろい。」「この雑誌はおもしろい。」の単数形と複数形。

Questo libro è interessante.
Questi libri sono interessanti.
Questa rivista è interessante.
Queste riviste sono interessanti.

＊男女とも，母音で始まる名詞の前では quest' となることがある。
quest'anno　今年　　quest'estate　今年の夏

> **参考**
>
> 　指示形容詞を使った先の4文を，指示代名詞を使ってほぼ同じ意味を表す文にすることができる。以下は，指示代名詞を用いた文。
> Questo è un libro interessante. ／ Questi sono libri interessanti.
> Questa è una rivista interessante. ／ Queste sono riviste interessanti.

Che cosa è questo? 「これは何ですか？」

　Che cosa は，「何」という疑問詞。

　疑問詞で始まる疑問文は，〈**疑問詞＋動詞＋主語**〉の語順になる。（→第10課　疑問詞）

　Che cosa è questo ? の文中では，questo の語尾が変わることはない。複数形のかたちで用いられることもない。

　一方，答えの文の中の questo は，先に述べたとおり，ともに使われる名詞によって語尾が変わる。名詞が複数のときは複数形の文となる。

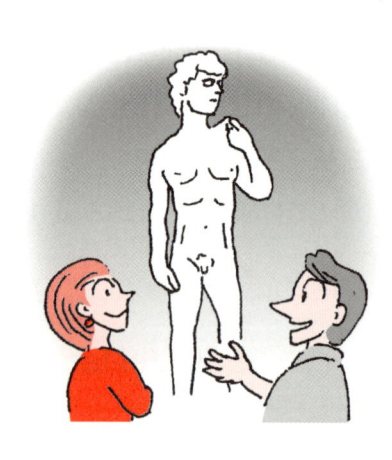

所有形容詞

所有形容詞も，通常の形容詞のように男性単数形が基本形となり，語尾変化する（loro 以外）。多少不規則な部分もあるので注意を要する。

		所有されるもの			
		単数		複数	
		男	女	男	女
所有する人	1人称単数（私の）	mio	mia	miei	mie
	2人称単数（君の）	tuo	tua	tuoi	tue
	3人称単数（彼［女］の）	suo	sua	suoi	sue
	（あなたの）	Suo	Sua	Suoi	Sue
	1人称複数（私たちの）	nostro	nostra	nostri	nostre
	2人称複数（君たちの）	vostro	vostra	vostri	vostre
	3人称複数（彼［女］らの）	loro	loro	loro	loro

> **注意**
> 所有形容詞は，"所有されるもの"の男女・単複によって語形が決まる。"所有する人"の男女・単複によるのではない。

ふつうは〈冠詞＋所有形容詞＋名詞〉の語順をとる。冠詞は，名詞および次の語の始めのの音によって決まる。

CD28

la mia macchina （私の車）
　＊所有物 macchina が女性名詞。所有者の男女は問わない。

il mio anello （私の指輪）
　＊所有物 anello が男性名詞。母音で始まる名詞だが，定冠詞は次の音 m で決まる。

il suo libro （彼の本，あるいは彼女の本）
　＊所有者の性別は suo の語からは判断できない。

un mio amico （私の友だち）
　＊何人かいるうちの不特定の1人を意味する時は不定冠詞を使う。

定冠詞，指示語，所有形容詞

所有形容詞には，名詞を修飾しない用法もある。主語を説明する用法である。その場合，主語の性・数に合わせて変化する。

 Questa penna è tua? —— Sì, è mia.
  このペンは君の？   —— そう，僕のだよ。

親族の名詞と所有形容詞　　CD29

親族の名詞には次のようなものがある。

 padre（父）　madre（母）　fratello（兄または弟）
 sorella（姉または妹）
 marito（夫）　moglie（妻）　figlio（息子）　figlia（娘）
 genitori（両親〈男性複数〉）

「所有されるもの」が親族の名詞の場合，冠詞の有無に注意を要する。
単数名詞は冠詞をつけない。

 mio padre（私の父）
 suo marito（彼女の夫）
 nostra figlia（私たちの娘）

複数の場合は，その名詞の男女に合わせた定冠詞をつける。

 i miei genitori（私の両親）
 i tuoi fratelli（君の兄弟〈複数〉）
 le sue sorelle（彼の，あるいは彼女の姉妹〈複数〉）

loro はつねに冠詞を付ける。
 il loro figlio（彼らの息子）
 i loro mariti（彼女らの夫たち）

さらに詳しく・・・

指示語の quello（あれは，あの～）は，questo と同様に機能する。なお指示形容詞については以下のように変化形の種類が多い。

指示代名詞（あれは…，それは…）

	単数	複数
男性	quell**o**	quell**i**
女性	quell**a**	quell**e**

指示形容詞（「あの～」「その～」）

修飾する名詞の性と数だけでなく，その名詞の初めの音によっても形が変わる。語末は，以下の表のように定冠詞と似た変化をする。（右が定冠詞の単数と複数。）

	名詞の初めの音	単数	複数		単数	複数
男性	ふつうの子音	quel	quei		il	i
	母音	quell'	quegli		l'	gli
	s＋子音，z	quello	quegli		lo	gli
女性	子音	quella	quelle		la	le
	母音	quell'	quelle		l'	le

指示代名詞と指示形容詞の書き換え

下の用例で，対応する番号はほぼ同じ意味である。指示代名詞と指示形容詞が違う語の箇所に注意すること。

CD30

「あれは…」（指示代名詞）を使った文

1) **Quello** è un libro italiano.
2) **Quelli** sono libri italiani.
3) Quella è una rivista italiana.
4) Quelle sono riviste italiane.
5) **Quelli** sono spaghetti italiani.

↔

「あの～」（指示形容詞）を使った文

1) **Quel** libro è italiano.
2) **Quei** libri sono italiani.
3) Quella rivista è italiana.
4) Quelle riviste sono italiane.
5) **Quegli** spaghetti sono italiani.

定冠詞，指示語，所有形容詞

練習問題

練習問題Ⓐ CD31

1 ①次の名詞に定冠詞をつけましょう。②次に名詞を複数形にして，それに定冠詞をつけましょう。

　　1. rivista　**2.** ombrello　**3.** camicia　**4.** studentessa　**5.** studente

2 次の名詞は通常複数形で使うのですでに複数形になっています。定冠詞をつけましょう。

　　1. scarpe　　**2.** occhiali　　**3.** guanti
　　4. pantaloni　**5.** spaghetti

3 ①「これは何ですか？」の質問をつくり，それに続けて答えの文をつくりましょう。答えの文は，次の文をスタートの文として，順に名詞や形容詞を代えて言ってみましょう。書き換えた文をもとの文として次の番号の文をつくること。

　スタートの文　Questo è un giornale italiano.

　　1. rivista　　**2.** giapponese　**3.** macchina
　　4. coreano　　**5.** dizionario

②　同様にスタートの文から代えていきましょう。
　＊単語の意味は，課の最後の「この課の新出単語」を参照のこと。

　スタートの文　Questa giacca è francese.

　　1. italiano　**2.** abito　**3.** cravatta　**4.** giapponese　**5.** cappotto

練習問題Ⓑ

1 練習A-3のスタートの文を複数形にしましょう。その後，順に単語を代えて複数形の文をつくっていきましょう。書き換えた文をもとの文として次の番号の文をつくること。

① スタートの文　Questo è un giornale italiano.（複数に）

1. rivista　　2. giapponese　　3. macchina
4. coreano　　5. dizionario

② スタートの文　Questa giacca è francese.（複数に）

1. italiano　2. abito　3. cravatta　4. giapponese　5. cappotto

2 次の会話のパターンを，**1.** から **4.** の語を使って言ってみましょう。

例 Qui c'è una rivista.　── Questa è la rivista di Anna.
「ここに雑誌があるよ。」「これはアンナの雑誌だよ。」

1. chiave　　2. telefonino　　3. ombrello　　4. asciugamano

3 次の会話のパターンを，**1.** から **4.** の語を使って言ってみましょう。

例 Qui c'è un cappotto.　── Questo è il mio cappotto.
「ここにコートがあるよ。」「これは私のコートです。」

1. cappello　　2. orologio　　3. giacca　　4. maglietta

4 練習B-3の例の後者の文を複数の文にしましょう。**1.** から **4.** の語を使って同様に「これは～」の文を複数にしましょう。

「これは私のコートです。」（複数に）

1. cappello　　2. orologio　　3. giacca　　4. maglietta

定冠詞，指示語，所有形容詞

5️⃣ 「靴」や「スパゲッティ」など通常複数形で使う以下の単語について，①「これはイタリア製の〜です。」という文をつくりましょう。②「この〜はイタリア製です。」という文もつくりましょう。

　　1. scarpe　　**2.** pantaloni　　**3.** occhiali　　**4.** spaghetti

6️⃣ 「これは私の〜です」という形で，以下の人を紹介する文をつくりましょう。(**6**，**7** は「この課の新出単語」を参照。)

　　1. 父　　**2.** 母　　**3.** 両親　　**4.** 夫　　**5.** 妻
　　6. 婚約者（男女両方をつくる。）　　**7.** 恋人（男女両方をつくる。）
　　　　　　　　（婚約者や恋人は親族ではないので定冠詞が必要）

練習問題Ⓒ

1️⃣ ① 練習Ａ－３①のスタートの文の指示語に quello を用いて文を書き換えていきましょう。書き換えた文をもとの文として次の文をつくること。

　　スタートの文　Questo è un giornale italiano.（quello の文に）

　　1. rivista　　**2.** giapponese　　**3.** macchina
　　4. coreano　　**5.** dizionario

②練習Ａ－３②の文も，指示語 quello を用いて同様に文を書き換えていきましょう。書き換えた文をもとの文として次の文をつくること。

　　スタートの文　Questa giacca è francese.（quello の文に）

　　1. italiano　**2.** abito　**3.** cravatta　**4.** giapponese　**5.** cappotto

2️⃣ 練習Ｂ－５の単語について，①「あれはイタリア製の〜です。」という文をつくりましょう。②「あの〜はイタリア製です。」という文もつくりましょう。

　　1. scarpe　　**2.** pantaloni　　**3.** occhiali　　**4.** spaghetti

3 例に倣って，パーティー会場での次の会話をつくりましょう。

Tuo fratello è qui ?　　—— Sì, è lì. Quello è mio fratello.
　　　　「君の兄さんはここに来ているの？」
　　　　「うん。あそこだ。あれが僕の兄だ。」

　1. 君の彼女（＝恋人）
　2. 君の友人たち
　3. あなたたちの息子さん

4 例に倣って，会話をつくりましょう。答えの文は①②の２通りです。ecco は，後ろに名詞を伴って「ほら〜だ。」という意味になります。

Dov'è la giacca di mia madre ?　母のジャケットはどこかしら？
　—— ① Ecco la giacca di tua madre.　ほらお母さんのジャケットだよ。
　—— ② Ecco la sua giacca.　ほら彼女のジャケットだよ。

　1. 兄の車　　**2.** 妹のかさ　　**3.** 夫の帽子

この課の新出単語

- □ padre　父
- □ amico／amica　友だち
- □ anno　年　　□ estate 囡 夏
- □ fratello　兄・弟　□ sorella　姉・妹
- □ figlio　息子　□ figlia　娘
- □ giacca　ジャケット
- □ cravatta　ネクタイ
- □ telefonino　携帯電話
- □ cappello　帽子
- □ maglietta　Tシャツ
- □ ragazzo／ragazza　恋人
- □ genitori　男 複 両親
- □ interessante　おもしろい
- □ anello　指輪　□ madre　母
- □ marito　夫　□ moglie　妻
- □ ombrello　かさ　□ camicia　シャツ
- □ abito　服
- □ cappotto　コート
- □ asciugamano　タオル
- □ orologio　時計
- □ fidanzato／fidanzata　婚約者

「さらに詳しく」＋練習Ⓒの単語

- □ lì　あそこに　　□ ecco　ほら〜だ

定冠詞，指示語，所有形容詞

EXTRA 3
前置詞

前置詞は，名詞や不定詞（動詞の原形）の前に置かれる。

主な前置詞とその意味

a （〜へ，〜に）＋場所，相手の人，時（時間）
in （〜に）＋場所，時（月，年）
su （〜の上に，〜について）＋場所，内容
di （〜の，〜について）＋所属する人，付随する物

ここに示した前置詞は，すべての前置詞のうちよく使われるもののみである。また，上記のものの日本語訳や後ろに続く語も，実際はもっと幅広い。前置詞は，単独でなく文や句全体のなかで使い方を習得するのが望ましい。
その他の前置詞でよく使うものは以下のとおり。

CD32

da （〜から，〜の所に）　　**per** （〜のために，〜の間，〜に向けて）
con （〜と共に，〜で）

Di dove sei ?　　── Sono di Napoli.
出身はどこ？　　　── ナポリです。
＊dove は「どこ」という意味の疑問詞。（→第10課　疑問詞）

前置詞と定冠詞の結合形

多くの前置詞は，前置詞の後に定冠詞を伴う名詞が来る場合，前置詞と定冠詞が結合して，多少変化した1つの語になる。

例　in + la macchina　→　**nella** macchina （車の中に）
　　　su + il tavolo　　　→　**sul** tavolo （テーブルの上に）

C'è una borsa **nella** macchina.
　車の中にかばんがある。
Ci sono tanti libri **sul** tavolo.
　テーブルの上にたくさん本がある。
＊tanti は「たくさんの」という意味の形容詞。（→第3課　形容詞「さらに詳しく」）

主な前置詞と定冠詞が結合した形を以下に示す。定冠詞（縦）と前置詞（横）の交差した部分の語が結合形である。

	a	in	su	di
il	al	nel	sul	del
i	ai	nei	sui	dei
lo	allo	nello	sullo	dello
gli	agli	negli	sugli	degli
la	alla	nella	sulla	della
le	alle	nelle	sulle	delle
l'	all'	nell'	sull'	dell'

da と定冠詞の結合形は，a と同様に，dal, dalla などとなる。per と con が定冠詞と結合する形は通常ほとんど用いられない。

前置詞

練習問題

練習問題Ⓐ　　　　　　　　　　　　　　　　　　CD33

1 ①次の名詞に定冠詞をつけましょう。②その後前置詞をつけた形にしましょう。**1**, **2**, **3** には in, **4**, **5**, **6** には su をつけます。

　1. frigo（冷蔵庫）　**2.** aula（教室）　　**3.** scatola（箱）
　4. sedia（椅子）　**5.** scaffale（（男）棚）　**6.** letto（ベッド）

2 次の名詞を使って，①と②の文をつくりましょう。
① 「〜が１つ（１人）あります。」という形の文。
② それぞれかっこの中に示された数の文。（第４課「〜がある」の文の復習）

　1. pomodoro（３個）　　**2.** studente（10人）
　3. penna（５本）　　　　**4.** gatto（４匹）
　5. giornale（７部）　　　**6.** camicia（８枚）

練習問題Ⓑ

1 練習Ａ－１とＡ－２の①を組み合わせて，「以下のものがある」という意味の文をつくりましょう。

①単数で。
　1. 冷蔵庫の中にトマト　**2.** 教室の中に学生　**3.** 箱の中にペン
　4. 椅子の上に猫　　　　**5.** 棚の上に新聞
　6. ベッドの上にシャツ

②次に，①でつくったそれぞれの文を，「以下に指定された数のものがある」という文にしましょう。
　1. 10個　**2.** 9人　**3.** 4本　**4.** 2匹　**5.** 3部　**6.** 6枚

この課の新出単語

- ☐ tavolo　テーブル　　☐ frigo　冷蔵庫　　　　☐ aula　教室
- ☐ scatola　箱、缶　　　☐ sedia　椅子　　　　　☐ scaffale　（男）棚
- ☐ letto　ベッド　　　　☐ pomodoro　トマト　　☐ gatto　猫

EXTRA 4
数詞・その2（30～）

30～39 CD34

30 trenta　　31 trentuno　　38 trentotto

（EXTRA 2　数詞・その1　参照）

40～

40 quaranta　　50 cinquanta　　60 sessanta
70 settanta　　80 ottanta　　　90 novanta

＊40台以上も，31や38と同様，1の位が1と8の時，quaranta などの語尾の -a が落ちて，1の位の数と結合する。
　　quarantuno, cinquantotto

100～

100 cento　　200 duecento　　300 trecento

＊ cento　百の複数は，単数と同形。

1.000～

1.000 mille　　2.000 duemila　　10.000 diecimila

＊ mille　千は，複数になると -**mila** と不規則な変化をする。
　　位どりにはカンマでなくピリオドを用いる。

1.000.000〜

1.000.000 un milione　　　10.000.000 dieci milioni

＊百万は，不定冠詞を用いて **un** milione となり，複数の場合は語尾が変化する。

数字の読み方・書き方の例

553　　cinquecentocinquantatré
1978　　millenovecentosettantotto
2008　　duemilaotto
　＊年号も同様。「2008年に」というのは **nel** 2008。

ユーロ（euro）の価格表示の読み方

小数点（virgola）を使っている場合が多い。

　　7,25　sette virgola venticinque / sette e venticinque

小数点以下の単位は centesimo という。したがって，7,25ユーロは正式には sette euro e venticinque centesimi だが，日常生活では sette euro e venticinque がよく使われる。
　＊euro は，複数は単数と同形。

Lezione 6 規則動詞・その1 ——基礎（活用を中心に）

❖ この課のポイント ❖

- 動詞には，規則動詞と不規則動詞がある。
- 規則動詞，不規則動詞共に，辞書の見出し語の形を「原形」という。
- 規則動詞には –are 動詞，–ere 動詞，–ire 動詞という3種がある。それぞれの原形の語尾が –are，–ere，–ire である。（不規則動詞も原形の語尾がこの3つのいずれかであるが，活用のしかたが不規則なので，本書ではまとめて「不規則動詞」として区別する。）
- 規則動詞は，活用（主語によって動詞の形が変わること）の際に語尾が規則的に変化する。語尾変化は，–are 動詞ならすべての –are 動詞が同じ変化をする。–ere，–ire についても同様である。
- 規則動詞において変化するのは語尾のみで，語幹は変わらない。

> **注意**
> ・この課で扱う動詞の時制はすべて現在形である。（正確には，「直説法現在」という。）現在形は，現在のことだけでなく，比較的近い未来の内容も表現できる。
> ・現在形とともによく使う副詞については，この課の最後のまとめを参照のこと。それらの副詞はふつうは文頭に置かれるが，文末に来る場合もある。文中に挿入される場合もときにある。

ターゲット（-are 動詞）

CD35

Parlo un po' italiano.　　私はイタリア語を少し話す。

Lui **studia** l'italiano ogni giorno.
　　彼は毎日イタリア語を勉強する。

Oggi **lavoriamo**.　　私たちは今日仕事をする。

Loro **ascoltano** la musica classica.
　　彼らはクラシック音楽を聴く。

文法ノート

-are 動詞の活用

CD36

parlare（話す）

主語	語幹	語尾	活用形
io	parl	**o**	parlo
tu	parl	**i**	parli
lui	parl	**a**	parla
lei, Lei	parl	**a**	parla
noi	parl	**iamo**	parliamo
voi	parl	**ate**	parlate
loro	parl	**ano**	parlano

> **注意**
>
> italiano は「イタリア語」。「〜語」というとき国名の形容詞を用い，男性形の定冠詞をつける（l'italiano, l'inglese, il giapponese など）。ただし動詞が parlare のときは，ふつう定冠詞は省略される。

活用形について

　語尾 -are が，主語によって上記の活用表のように変化し，活用形をつくる。規則動詞の -are 動詞はすべて表のように語尾が変化する。
　ターゲット文の動詞の原形は以下のとおり。

studiare（勉強する） / lavorare（働く） / ascoltare（聴く）

注意を要する活用形

studiareのように，tuとnoiがそれぞれstudii, studiiamoとiが2つ続く語尾変化になる場合，活用形ではiは1つになる。mangiareも同様。

studiare： (tu) studi
　　　　　 (noi) studiamo
mangiare： (tu) mangi
（食べる）　(noi) mangiamo

-careと-gareで終わる動詞は，発音の関係でtuとnoiの活用形でhが入り，以下のようになる。

giocare　　　：(tu) giochi　(noi) giochiamo
（遊ぶ，プレーする）

pagare（払う）：(tu) paghi　(noi) paghiamo

ターゲット（-ere動詞）

CD37

Ogni mattina prendo un caffè.
　　私は毎朝コーヒーを飲む。
Stasera Paolo vede un amico.
　　パオロは今夜友だちに会う。
Ogni giorno lei scrive il diario.
　　彼女は毎日日記を書く。
Leggo molti libri.
　　私はたくさん本を読む。

-ere 動詞の活用

CD38

prendere（取る，注文する，飲む・食べる，乗る）

主　語	語　幹	語　尾	活用形
io	prend	**o**	prendo
tu	prend	**i**	prendi
lui	prend	**e**	prende
lei, Lei	prend	**e**	prende
noi	prend	**iamo**	prendiamo
voi	prend	**ete**	prendete
loro	prend	**ono**	prendono

活用形について

　語尾 -ere が，主語によって上記の活用表のように変化し，活用形をつくる。規則動詞の -ere 動詞はすべて表のように語尾が変化する。-are 動詞の活用と共通する箇所，異なる箇所を確認すること。
　（主語が io, tu, noi のとき，-are 動詞と共通）
　ターゲット文の動詞の原形は以下のとおり。

　　　vedere（見る）/ scrivere（書く）/ leggere（読む）

　-ere で終わる動詞には，不規則な活用をする動詞が多い。
　（→第8課　不規則動詞・その1，第9課　不規則動詞・その2，第13課 補助動詞）

ターゲット（-ire 動詞）

Di solito dormo bene.
　私はふだんよく眠れる。

Apriamo la finestra.
　窓を開けよう。

＊noi の活用形は，「私たちは〜する」だけでなく，「〜しましょう」の意味になることもある。

Loro capiscono un po' l'italiano.
　彼らはイタリア語が少しわかる。

Stasera finisco questo lavoro.
　この仕事を今夜終えます。

　-ire 動詞の語尾変化には２種類ある。① dormire（眠る）と同種のもの，② capire（理解する）と同種のものである。

-ire 動詞①の活用

dormire（眠る）

主語	語幹	語尾	活用形
io	dorm	**o**	dormo
tu	dorm	**i**	dormi
lui	dorm	**e**	dorme
lei, Lei	dorm	**e**	dorme
noi	dorm	**iamo**	dormiamo
voi	dorm	**ite**	dormite
loro	dorm	**ono**	dormono

規則動詞・その１──基礎（活用を中心に）

①の活用形について

　語尾 -ire が，主語によって上記の活用表のように変化し，活用形をつくる。規則動詞の -ire 動詞①のタイプは，すべて①の表のように語尾が変化する。

　-ere 動詞の活用と共通する箇所，異なる箇所を確認すること。(異なる箇所は主語が voi のときのみ)

　ターゲット文の動詞の原形は以下のとおり。

　　aprire （開ける）

①の変化をする -ire 動詞には次のようなものがある。

　　partire （出発する）　sentire （聞く，感じる）など。

-ire 動詞②の活用

CD41

capire （わかる，理解する）

主語	語幹	語尾	活用形
io	cap	**isco**	capisco
tu	cap	**isci**	capisci
lui	cap	**isce**	capisce
lei, Lei	cap	**isce**	capisce
noi	cap	**iamo**	capiamo
voi	cap	**ite**	capite
loro	cap	**iscono**	capiscono

＊この変化の動詞を isc 型と呼ぶ。

②の活用形について

　語尾 -ire が，主語によって上記の活用表のように変化し，活用形をつくる。-ire 動詞の②のタイプ（isc 型）は，すべて②の表のように語尾が変化する。

> **注意**
> ①あるいは②のどちらの変化をするか，原形から区別はできない。どちらの変化をするかは動詞ごとに覚えること。

ターゲット文の動詞の原形は以下のとおり。

finire（終わる，終える）

②の変化をする -ire 動詞には次のようなものがある。

preferire（好む）　spedire（送る）など。

> **参考**
> preferire は疑問詞 quale（どちらを）と共に使うこともある。
> Preferisci il caffè o il tè?　コーヒーと紅茶どちらがいい？
> = Quale preferisci, il caffè o il tè?
> （→第10課　疑問詞）

練習問題

練習問題Ⓐ　　　　　　　　　　　　　　　　　CD42

1　「ターゲット」の文と文法ノートに出てきた原形の動詞をすべて活用させましょう。-are, -ere, -ire の3つのグループに分けてあります。

1. studiare　勉強する　　2. lavorare　働く　　3. ascoltare　聴く
4. mangiare　食べる　　5. giocare　遊ぶ，プレーする
6. pagare　払う

7. vedere　見る　　8. scrivere　書く　　9. leggere　読む

10. aprire　開ける　　　　11. partire　出発する
12. sentire　聞く，感じる　13. finire　終える，終わる
14. preferire　好む　　　　15. spedire　送る

規則動詞・その1──基礎（活用を中心に）

2 次の動詞を活用させましょう。

　　1. guardare　見る　2. comprare　買う　3. arrivare　到着する
　　4. tornare　帰る，戻る　5. cominciare　始める，始まる
　　＊guardareは「テレビを見る」などの時使う動詞。何かを意識して
　　　見ること。

----

　　6. ricevere 受ける，受け取る　　7. chiudere 閉める，閉まる

3 「私」を主語にして次の文をつくりましょう。課の最後の「この課の
新出単語」を参考にすること。

　　1. イタリアの車を買う　2. 今夜テレビを見る
　　3. よく音楽を聴く　4. たくさん肉を食べる　5. サッカーをする
　　6. 英語を勉強する　7. 日本に帰る　8. ローマに到着する
　　＊テレビには定冠詞を用いる。
　　「たくさん」は「たくさんの」の意味の形容詞 molto または tanto。
　　名詞の前に置く。
　　「球技をする」という場合，「プレーする」の動詞を用い，前置詞 a
　　の後に無冠詞で球技の名前を置く。
　　「日本に帰る」は前置詞 in を用いる。「ローマに到着する」は a。

4 「私」を主語にして次の文をつくりましょう。課の最後の「この課の
新出単語」を参考にすること。

　　1. イタリア映画を見る　2. 手紙を書く　3. 毎日新聞を読む
　　4. そのはがきを受け取る　5. ドアを閉める

5 「私」を主語にして次の文をつくりましょう。課の最後の「この課の
新出単語」を参考にすること。

　　1. この箱を開ける　2. 声を聞く　3. 今夜宿題（複数に）を終える
　　4. イタリアへ出発する　5. 和食（日本料理）を好む
　　6. この荷物を送る
　　＊「～へ出発する」という時の前置詞は per。国名には定冠詞を用いる。

練習問題Ⓑ

1 指定の主語を用いて文をつくりましょう。

1. イタリアの車を買う　mio padre
2. 今夜テレビを見る　mio figlio
3. よく音楽を聴く　mia sorella
4. たくさん肉を食べる　i miei figli
5. サッカーをする　i miei fratelli
6. 英語を勉強する　gli impiegati
7. 日本に帰る　i turisti giapponesi
8. ローマに到着する　l'aereo

2 指定の主語を用いて文をつくりましょう。

1. イタリア映画を見る　il mio ragazzo
2. 手紙を書く　i miei amici
3. 毎日新聞を読む　gli studenti
4. そのはがきを受け取る　gli ospiti
5. ドアを閉める　il professore

3 指定の主語を用いて文をつくりましょう。

1. この箱を開ける　il bambino
2. 声を聞く　i miei genitori
3. 今夜宿題を終える　i miei figli
4. イタリアへ出発する　il gruppo
5. 和食を好む　molti giapponesi
6. この荷物を送る　mio marito

4 ① finire は，以下のように di の後に動詞の原形を用いて「～し終える」という表現になります。

　　Finisco di mangiare tra un po'.　すぐに食べ終えます。

この文を，次の語を主語にして書き換えましょう。

　1. マリーア　　**2.** 私たち（主語省略）　　**3.** お客さんたち

② cominciare は，以下のように a の後に動詞の原形を用いて「～し始める」という表現になります。

　　Comincio a studiare adesso.　今から勉強し始めます。

この文を，次の語を主語にして書き換えましょう。

　1. 私たち（主語省略）　**2.** 学生たち（男女含む）　**3.** 女子学生たち

⚠ 動詞のまとめ・その1（p.144）その2（p.188）を読みましょう。

この課の新出単語

- □ un po'　少し
- □ italiano　イタリア語 名
- □ ogni　毎～（後ろに男女単数名詞）
- □ musica　音楽　　□ classico クラシックの　□ diario　日記
- □ mattina　朝　　□ bene　よく・上手に・元気に　□ finestra　窓
- □ lavoro　仕事　　□ quale　どちらが（を），どの
- □ TV 女 テレビ　　□ carne 女 肉　　□ film 男 映画
- □ lettera　手紙　　□ cartolina　はがき　　□ porta　ドア
- □ voce 女 声　　□ compito　宿題　　□ cucina　料理
- □ pacco　荷物　　□ turista 男女 観光客　男複 turisti
- □ aereo　飛行機　　□ ospite 男女 お客
- □ professore 男 ／ professoressa 女　先生・教授
- □ bambino ／ bambina　子供　　　　　□ gruppo　グループ
- □ tra　～後に

☞ oggi など時を表す副詞は，次ページの「現在形とよく使う副詞のまとめ」に記載。

動詞のまとめ（本文記載のもの）

《-are 動詞》
- ☐ parlare 話す
- ☐ studiare 勉強する
- ☐ lavorare 働く
- ☐ ascoltare 聴く
- ☐ mangiare 食べる
- ☐ giocare 遊ぶ，プレーする
- ☐ pagare 払う
- ☐ guardare 見る
- ☐ comprare 買う
- ☐ arrivare 到着する
- ☐ tornare 帰る，戻る
- ☐ cominciare 始める，始まる

《-ere 動詞》
- ☐ prendere 取る，注文する，飲む，食べる，乗る
- ☐ vedere 見る，会う
- ☐ scrivere 書く
- ☐ leggere 読む
- ☐ ricevere 受ける，受け取る
- ☐ chiudere 閉める，閉まる

《-ire 動詞》
- ☐ dormire 眠る
- ☐ aprire 開ける
- ☐ partire 出発する
- ☐ sentire 聞く，感じる

《-ire 動詞の -isc 型》
- ☐ capire わかる，理解する
- ☐ finire 終える，終わる
- ☐ preferire 好む
- ☐ spedire 送る

現在形とよく使う副詞のまとめ（本文記載のもの）

- ☐ ogni giorno 毎日
- ☐ oggi 今日
- ☐ ogni mattina 毎朝
- ☐ adesso 今，今から
- ☐ spesso よく・頻繁に
- ☐ di solito 通常
- ☐ stasera 今夜

＊これらの語は文頭に置かれるのがふつうだが，文末に置かれる場合もある。ただし spesso は，文頭に用いられることはほとんどない。

＊なお，domani（明日）も現在形とよく使われる。

規則動詞・その1――基礎（活用を中心に）

Lezione 7

規則動詞・その2
——応用（疑問文や否定文など）

❖ この課のポイント ❖

- 疑問文は，普通の文（平叙文）と同形で「？」を付ける。
- 質問に対する答えは，肯定の場合は sì，否定の場合は no で始める。
- 否定文では，動詞の直前に non が置かれる。
- 質問に対する否定の答えも同様。No と答えた後，続く文の動詞の直前に non が置かれる。
- 疑問詞を使った疑問文では，語順は疑問詞＋動詞（＋主語）となる。（→第10課 疑問詞）

ターゲット

CD43

Parli italiano ?
　—— **Sì**, parlo un po' italiano.
　君はイタリア語を話すの？　　—— はい，少し話します。

Prendi un tè ?
　—— **No, non** prendo un tè. Prendo un caffè.
　紅茶にする？　　—— いや，紅茶じゃなくてコーヒーにする。

Che cosa mangi ?　　—— Mangio una pizza.
　何を食べるの？　　　　—— ピッツァを食べるよ。

Dove abiti ?　　—— Abito a Roma.
　君はどこに住んでいるの？　　—— ローマに住んでいるよ。

文法ノート

疑問文と答え，否定文　　　　　　　　　　　　　　　CD44

疑問文とその答え（肯定と否定），および否定文は以下のようになる。

疑問文

　　　Lavori ?（君は働くの？ ── 主語は省略）

「君は働くの？」は「君は働く。」と全く同じ。そして文末に「？」をつける。

肯定の答え　Sì, lavoro.（はい，働きます。）

否定の答え　No, non lavoro.（いいえ，働きません。）

　答えの文では主語が「私」なので動詞は lavoro。否定の答えでは動詞の直前に non が置かれる。

＊なお，この質問と答えは，「職に就いているかどうか」を尋ね，答えるやりとりの意味もある。

単独の否定文

　　　Non lavoro.（私は働かない。）

単独の否定文でも，動詞の直前に non が置かれる。
主語のある文も同様。

　　　I giapponesi **non** mangiano molto formaggio.
　　　　日本人はあまりたくさんチーズを食べない。

疑問詞を含む疑問文　　　　　　　　　　　　　　　CD45

以下の質問の文は，疑問詞 che cosa, dove で始まる疑問文である。

　　　Che cosa mangi ?（ターゲット文）　che casa は「何を」。
　　　Dove abiti ?（ターゲット文）　dove は「どこに」。

規則動詞・その2 ──応用（疑問文や否定文など）

abiti の原形 abitare（住む，住んでいる）は，「～に住んでいる」というとき前置詞に注意。～が**都市・町**なら **a**。**国名**のときには **in**。(a Roma, in Italia など)

　語順は，**疑問詞＋動詞（＋主語）**となる。主語をつける場合は，主語が動詞の後ろになることに注意。疑問詞と動詞の間に主語が入ることはない。

Che cosa mangiano gli ospiti ?
お客さんたちは何を食べますか？

練習問題

練習問題Ⓐ

1 次の質問に対する Sì の答えと No の答えの両方をつくりましょう。

1. Compri una macchina italiana ?
2. Stasera guardi la TV ?
3. Ascolti la musica spesso ?
4. Mangi molta carne ?
5. Giochi a calcio ?
6. Studi l'inglese ?
7. Torni in Giappone ?
8. Arrivi a Roma ?

2 練習Ａ－１の問いを「君たち」に対する質問に書き換え，Sì の答えと No の答えの両方をつくりましょう。

3 次の質問に対する Sì の答えと No の答えの両方をつくりましょう。

1. Vedi un film italiano ?
2. Scrivi una lettera ?
3. Ogni giorno leggi il giornale ?
4. Ricevi la cartolina ?
5. Chiudi la porta ?

4 練習A−3の問いを「君たち」に対する質問に書き換え，Sì の答えと No の答えの両方をつくりましょう。

5 次の質問に対する Sì の答えと No の答えの両方をつくりましょう。

1. Apri questa scatola ?
2. Senti la voce ?
3. Stasera finisci i compiti ?
4. Parti per l'Italia ?
5. Preferisci la cucina giapponese ?
6. Spedisci questo pacco ?
7. Capisci l'italiano ?（Sì の答えでは「少し」を入れる。No の答えでは最後に molto bene を加えて「あまりよく〜ない」とする。）

6 練習A−5の問いを「君たち」に対する質問に書き換え，Sì の答えと No の答えの両方をつくりましょう。

練習問題Ⓑ

1 否定文の形に気をつけて，次の文をイタリア語にしましょう。
使う動詞と主語は次のとおりです（順不同）。「この課の新出単語」も参照のこと。

> partire, tornare, capire, giocare, arrivare
> i miei genitori, mio padre, i miei bambini, l'aereo, gli studenti

1. 私の子どもたちは外で遊ばない。
2. 学生たちは授業を理解していない。
3. 父は今夜帰らない。明日帰る。（「今夜」は文頭。「明日」は文末に。）
4. 両親は今日出発しない。明日出発する。（「今日」は文頭。「明日」は文末に。）
5. 飛行機はローマに到着しない。ナポリに到着する。

規則動詞・その2 ——応用（疑問文や否定文など）

2 以下の質問に対して自分の答えを自由に言いましょう。

1. Che cosa mangi ?
2. Che cosa compri al supermercato ?
3. Che cosa prendi al bar ?
4. Dove abiti ?

この課の新出単語

- ☐ abitare　住む，住んでいる
- ☐ fuori　外で
- ☐ domani　明日
- ☐ formaggio　チーズ
- ☐ lezione　囡授業
- ☐ supermercato　スーパー

（以下は解答例他の単語）
- ☐ pesce　男魚
- ☐ riso　米
- ☐ bottiglia　ボトル
- ☐ vicino a ～　～の近くに
- ☐ arancia　オレンジ
- ☐ antico　古い
- ☐ verdura　野菜
- ☐ riso bianco　ご飯，白米
- ☐ olio d'oliva　オリーブオイル
- ☐ succo　ジュース
- ☐ succo d'arancia　オレンジジュース（d' = di）
- ☐ frutta　果物
- ☐ pane　男パン

Lezione 8

不規則動詞・その1

◆ この課のポイント ◆

- 不規則動詞は，活用の際に語尾だけでなく語の全体が変わる。原形とまったく違う形になる場合もあるので注意を要する。
- すでに学んだ動詞 essere も，不規則動詞の1つである。
- この課では，不規則動詞・その1として，次の動詞の活用・用法および熟語を習得する。
  avere（持っている）andare（行く）fare（する）。
- 不規則動詞にはとくによく使う動詞が多い。活用を正確に覚えること。

ターゲット（avere）

① （持っているの意味で）

Mio zio ha una casa molto bella.
おじはとても素敵な家を持っている。

Ho due amici italiani.
私にはイタリア人の友人が2人いる。

Ho due sorelle e un fratello.
私には姉が2人と弟が1人いる。

② (熟語として)

Quanti anni **hai** ?

―― **Ho** venti anni. (→第10課　疑問詞 quanto)

年はいくつ？　　―― 20歳です。

Stasera **hai** tempo ?

―― No, mi dispiace, **ho** un appuntamento.

今夜時間ある？　　―― いや，悪いけど約束があるんだ。

Hai fame ?　　―― Sì, **ho** fame. E tu ?

―― No, non **ho** fame.

おなかがすいてる？　　―― うん，すいてる。君は？
―― すいてない。

avere（持っている）の活用

CD47

io	ho
tu	hai
lui	ha
lei, Lei	ha
noi	abbiamo
voi	avete
loro	hanno

注意

・h は発音しない。発音は「オ」「アイ」「ア」…となる。
・否定の文で non が前に置かれるときは，non ho「ノノ」，non hai「ノナイ」，non ha「ノナ」など1語のような発音になる。

avere を使った熟語と表現

　avereは，ターゲット①の各文のように，基本的には「持っている」という意味である。その他に，ターゲット②の各文のように，いろいろな熟語や表現をつくる。以下は，avere を使った日常よく用いられる表現である。

avere soldi	お金がある	avere problemi	問題がある
avere sete	のどが渇いている	avere sonno	眠い
avere fretta	急いでいる	avere mal di testa	頭が痛い

＊また，avere は過去形（近過去）などの文の助動詞となる。（→第17課 近過去）

ターゲット（andare）

Vai in Italia ?　——Sì, **vado** a Roma.
　イタリアに行くの？　——うん，ローマに行くよ。

Vai a casa subito ?　——No, **vado** al bar.
　すぐに家に帰る？　——いや，バールに行く。

Dove **vai** ?　——**Vado** in centro.
　どこに行くの？　——繁華街に行くよ。

Vado a comprare un giornale.
　新聞を買いに行きます。

不規則動詞・その1

andare（行く）の活用

io	vado
tu	vai
lui	va
lei, Lei	va
noi	andiamo
voi	andate
loro	vanno

andare とともに使う前置詞

- 「〜に行く」というとき，地名の場合，国名なら in，都市や町なら a を用いる。
- 場所によって，異なる前置詞，あるいは前置詞と定冠詞の結合形などいろいろな語が使われる。

　　a scuola （学校）　a casa （家）
　　andare a letto （ベッドに行く→寝る，床に就く。）

　　al bar （バール・喫茶店）　al lavoro （仕事）
　　al cinema （映画館）（cinema は語尾が -a だが男性名詞。定冠詞は il）
　　al ristorante （レストラン）　all'università （大学）
　　alla stazione （駅）

　　in centro （繁華街，町なか）　in biblioteca （図書館）

- 「（人）のところに行く」というのは da を用いる。
　　da Mario （マリオの家）
　　da un amico ／ un'amica （友だちの家）

「〜しに行く」という文

〈andare + a +動詞の原形〉。(→ターゲット文)
andare は主語に合わせて活用し，前置詞 a に続く動詞は原形を用いる。

ターゲット (fare)

CD50

Faccio la spesa in centro. Compro frutta.
　　繁華街で買い物をします。果物を買います。

Stasera che cosa **fai**?
——Ascolto la musica.
　　君は今夜何をするの？ —— 音楽を聴くよ。

Adesso che cosa **facciamo**?
——Vediamo un film.
　　これから何をしようか。 —— 映画を見ましょう。

＊noi の活用形は，「私たちは〜する」だけでなく，「〜しましょう」の意味になることもある。(→第16課　命令法)

fare (する) の活用

CD51

io	faccio
tu	fai
lui	fa
lei, Lei	fa
noi	facciamo
voi	fate
loro	fanno

不規則動詞・その1

fare を使った熟語と表現

fare は,「する」の意味の他に,以下のようにいろいろな熟語や表現をつくる。

> fare la spesa（買い物をする。＊食料品など日常的な買い物を指す）
> fare shopping（ショッピングをする）
> fare il bagno（お風呂に入る）　fare i compiti（宿題をする）
> fare colazione（朝食をとる）
> fare una passeggiata（散歩をする）
> fare le pulizie（掃除する）

さらに詳しく・・・

avere

「今日は何日？」という質問と答えは,次のように avere を用いる。

　　Quanti ne abbiamo oggi ?　今日は何日？

　　Ne abbiamo dodici.　12日だよ。

　　（→第10課　疑問詞,第25課　ne の用法）

andare

「〜に行く」の表現では,他に以下のようなものがある。andare とともに使う前置詞や,前置詞と定冠詞の結合形に注意すること。

　　al mare（海）al mercato（市場）

　　in montagna（山）in ufficio（会社）

　　dal medico（医者）

fare

fare は気候や天候を表すとき非人称動詞として使う。(→ EXTRA 9　非人称動詞)

　　In Giappone fa freddo in gennaio.　日本では1月は寒い。

一方，暑さ・寒さでも，個人が感じる場合は avere を使う。

Ho freddo. Forse ho un po' di febbre.
寒い。少し熱があるのかもしれない。

fare は使役動詞として他の動詞の原形とともに使うことがある。

Il professore fa leggere il libro di testo agli studenti.
教授は学生たちに教科書を読ませる。

練習問題

練習問題Ⓐ

1 （avere の練習）
次の文はターゲット①の文です。（ ）内の指定の主語を用いて言い換えましょう。

1. Mio zio ha una casa molto bella. （I miei zii　おじ夫婦）
2. Ho due amici italiani. （私たち − 主語省略）
3. Ho due sorelle e un fratello. （Mario）

2 （avere の練習）
以下の質問をつくり，指示のとおりに答えましょう。

1. 「のどがかわいている？」　── No で答える。
2. 「眠い？」　──「眠くないけどおなかがすいている」と答える。
3. 「おなかがすいてる？」　──「おなかはすいてないが疲れている」と答える。
4. 「君は何歳？」　── 自分の年齢を答える。
   ＊「〜だけれど」「しかし」は ma を用いて２つの文をつなぐ。
   （→第14課　接続詞を使った文）

3 （andareの練習）
次の語とともに「どこに行くの？」という質問をつくり，指定の語を使って答えましょう。

1. 今夜　　　答：友だち（女性）の家
2. あさって　答：パーティー（a＋不定冠詞）
3. 明日の夜　答：イタリアレストラン

4 （andareの練習）
次の主語と行き先の組み合わせで「（誰々は）〜に行く」という文をつくりましょう。（**2**，**3**は主語省略）

1. 私の父－仕事　　2. 私たち－大学　　3. 君たち－映画館（疑問文で）

5 （andareの練習）
練習A－4の主語を代えて文をつくりましょう。

1. 私の両親－仕事　　　2. 学生たち－大学
3. 君の弟－映画館（疑問文で）

6 （fareの練習）
次の主語と動詞，他の単語の組み合わせで文をつくりましょう。（**2**，**3**は主語省略）

1. 私の母－毎日買い物をする　　2. 私－夕食後お風呂に入る
3. 君たち－毎朝朝食をとる（疑問文で）

練習問題Ⓑ

1 （andareの練習）
次の主語と動詞の組み合わせで「〜しに行く」という形の文をつくりましょう。（**1**は主語省略）

1. 私－コーヒーを飲む　　2. 私の兄－映画を見る
3. 私の息子たち－友達と遊ぶ

2 (fare の練習)
次の2つの疑問文に対し，指定の語を用いて答えましょう。

1. Che cosa fai stasera ?　　① テレビを見る　②本を読む

2. Che cosa facciamo adesso ?　　①映画館に行く　②勉強する

3 (fare の練習)
練習B−2の疑問文に自由に答えましょう。2文にするときは poi（それから）でつなぎます。最初の文に prima（まず）を使うこともできます。

1. Che cosa fai stasera ?

2. Che cosa facciamo adesso ?

❗動詞のまとめ・その1（p.144）その2（p.188）を読みましょう。

この課の新出単語

- ☐ zio　おじ / zia　おば
- ☐ bello　美しい・素敵な
- ☐ quanto　いくつ
- ☐ tempo　時間
- ☐ appuntamento　面会の約束
- ☐ fame 囡 空腹
- ☐ soldi 男 複 お金
- ☐ sete 囡 のどの渇き
- ☐ sonno　眠気
- ☐ fretta 囡 急ぎ
- ☐ mal di testa 男 頭痛
- ☐ subito　すぐに
- ☐ centro　町なか・繁華街
- ☐ scuola　学校
- ☐ cinema 男 映画館
- ☐ università　大学
- ☐ stazione 囡 駅
- ☐ biblioteca　図書館
- ☐ spesa　買い物
- ☐ shopping 男 ショッピング，買い物
- ☐ bagno　お風呂
- ☐ colazione 囡 朝食
- ☐ passeggiata　散歩
- ☐ pulizie 囡 複 掃除
- ☐ ma　しかし
- ☐ dopodomani　あさって
- ☐ festa　パーティー
- ☐ dopo 〜　〜の後に
- ☐ cena　夕食
- ☐ dopo cena　夕食後
- ☐ poi　その後・それから
- ☐ prima　まず
- ☐ preparare　準備する

「さらに詳しく」＋練習Ⓒの単語

- ☐ mare 男 海
- ☐ mercato　市場
- ☐ montagna　山
- ☐ ufficio　会社・職場
- ☐ medico　医者
- ☐ freddo　寒さ，寒い
- ☐ gennaio　1月
- ☐ forse　たぶん
- ☐ febbre 囡 熱
- ☐ libro di testo　教科書

Lezione 9

不規則動詞・その2

❖ この課のポイント ❖

この課では，次の不規則動詞の活用とその用法を習得する。
- venire（来る）
- stare（いる）
- dire（言う）
- uscire（出る）

ターゲット

Vieni a scuola con il treno ?
—— No, **vengo** a scuola con l'autobus.
君は電車で学校に来ているの？
—— いいえ，バスで来ています。

Come **stai** ?　　—— Bene, grazie.
調子はどう？　　　　—— 元気です，ありがとう。

Mio padre forse non **dice** di sì.
父はおそらくうんとは言わない。

Stasera **esci** ?　　—— No, **sto** a casa.
今夜でかけるの？　　—— いや，家にいる。

文法ノート

不規則動詞の活用　　　　　　　　　　　　　　　　CD53

	venire 来る	**stare** いる	**dire** 言う	**uscire** 出かける
io	vengo	sto	dico	esco
tu	vieni	stai	dici	esci
lui	viene	sta	dice	esce
lei, Lei	viene	sta	dice	esce
noi	veniamo	stiamo	diciamo	usciamo
voi	venite	state	dite	uscite
loro	vengono	stanno	dicono	escono

venire について

venire の用法で，乗り物などの交通手段を示して「〜で来る」という場合，ターゲット文のように，con ＋定冠詞を用いるほか，in（定冠詞なし）も可能。

ただし徒歩は a piedi。

Vieni in ufficio in treno？　——No, vengo a piedi.
会社に電車で来ているの？　　——いや，歩いて来ているよ。

stare について

stare には，ターゲット文のように，「〜の状態である」という意味と，「(その場所に) いる」という意味がある。

不規則動詞・その2　　81

さらに詳しく・・・

dire

dire を使った熟語的な表現には，以下のようなものがある。

Come si dice "ringo" in italiano ?　　—— Si dice "mela".
「りんご」はイタリア語でなんと言うのですか？　——「mela」と言います。
（→第25課　si の用法）

Cosa vuol dire "macchina" ?
　　—— Vuol dire "kuruma".
「macchina」とはどういう意味ですか？　——「車」という意味です。

* vuol は vuole のことで，原形は volere。ただし，この熟語は「欲しい」という意味とは関係ない。（→第13課　補助動詞）

「〜と言う（言っている）」という時，接続詞の che を用いて，言っている内容である「〜」を後に続ける。

Mario dice che la sua ragazza è molto bella.
マリオは，自分の恋人がすごく美人だと言っている。（→第14課　接続詞）

uscire

uscire について，「〜を出る」という時 da あるいは〈da ＋定冠詞〉を使う場合が多い。ただし，「家を出る」というのは uscire di casa となる。

venire, dire, stare

venire, dire, stare を使った文は，他の課にも記述があるので参照のこと。

venire

Vieni con me ?　　—— Sì, vengo con te.
（僕と）一緒に来る？　——うん，（君と一緒に）行くよ。
（→第11課　補語人称代名詞）

*相手と一緒に，あるいは相手のところに「行く」時には，andare でなく venire を用いる。

dire

Dimmi！　言って。（→第16課　命令法）

Che ne dici？
君はどう思う？（←君はそれについて何と言う？）
（→第25課　ne の用法）

stare

Sta' attento！　気をつけて！（→第16課　命令法）

Sto mangiando.　食べている最中だ。（→第22課　ジェルンディオ）

不規則動詞は上述の他にも数多くある。次はよく使う動詞の例である。

bere（飲む）
　bevo / bevi / beve / beviamo / bevete / bevono

dare（与える）
　do / dai / dà / diamo / date / danno
＊3人称単数にはアクセント記号が付く。

rimanere（とどまる，残る）
　rimango / rimani / rimane / rimaniamo / rimanete / rimangono

練習問題

練習問題Ⓐ

1　ターゲット文のパターンを使い，次のやりとりをしましょう。

1.「車でここに来ているの？」「いいえ，地下鉄でここに来ています。」
2.「自転車で大学に来ているの？」「いいえ，歩いて大学に来ています。」
3.「君たちはバスで学校に来ているのですか？」「いいえ，電車で学校に来ています。」

2 例に倣って，まず主語に合わせて「家にいる」という文をつくり，その後に以下の動詞を使った文を続けて，「家にいて〜する」という文をつくりましょう。（**2**は主語省略）

例 私 / studiare　　Sto a casa e studio.

1. 私の妹 / guardare un DVD
2. 私たち / preparare la cena
3. 私の両親 / fare le pulizie

練習問題Ⓒ

1 dire を使って，以下の質問の文をつくりましょう。それから，答えの文もつくりましょう。

1. 「新聞」はイタリア語で何と言うのですか？
2. 「cheese（チーズ）」はイタリア語で何と言うのですか？

2 接続詞 che を用いて，主語の人物が「〜」と言っているという文をつくりましょう。

1. 私の母「今日は寒い。」
2. 学生たち「この授業は難しくない。」

この課の新出単語

- ☐ treno　電車
- ☐ autobus　男　バス
- ☐ ufficio　会社，職場
- ☐ a piedi　歩いて
- ☐ metropolitana　地下鉄
- ☐ bicicletta　自転車
- ☐ DVD　男　ＤＶＤ

「さらに詳しく」＋練習Ⓒの単語

- ☐ difficile　難しい

EXTRA 5
時を表す単語のまとめ（曜日，月，季節）

曜日

月	lunedì	火	martedì	水	mercoledì	木	giovedì
金	venerdì	土	sabato	日	domenica		

月の名前

1月	gennaio	2月	febbraio	3月	marzo
4月	aprile	5月	maggio	6月	giugno
7月	luglio	8月	agosto	9月	settembre
10月	ottobre	11月	novembre	12月	dicembre

季節

春	primavera	夏	estate 女	秋	autunno	冬	inverno

曜日・月・季節の言い方

曜日，月とも語の初めは小文字。dì の i にはアクセントがつく。

　　Che giorno è oggi ?　今日は何曜日ですか？
　　(Oggi) è giovedì.　（今日は）木曜日です。

曜日には，前置詞も冠詞も不要だが，「毎週○曜日」の場合には定冠詞をつける。日曜のみ女性名詞，他は男性名詞。

　　Mio nonno va dal medico sabato.
　　　　（今度の）土曜祖父は医者に行く。
　　＊「医者に行く」は andare dal medico。da を用いる。
　　La domenica vanno in chiesa.
　　　　毎週日曜彼らは教会に行く。

月は,「〜月に」という場合前置詞 in か a を伴う。

Partono per gli Stati Uniti in febbraio.
彼らは2月にアメリカに旅立つ。

季節は,前置詞 di または in を伴う。di は,後ろの単語が母音で始まる時 d' となる。

In Sicilia d'estate fa molto caldo.
シチリアは夏とても暑い。

＊ fare caldo については,第8課「不規則動詞・その1」の「さらに詳しく」を参照のこと。

日付の言い方　　　　　　　　　　　　　　　　　CD58

日付を言う時は,日,月の順となる。日の前に男性単数の定冠詞をつける。

Che giorno (del mese) è oggi ?　今日は何日ですか？
(Oggi) è il diciannove agosto.　8月19日です。

＊日は,アラビア数字で表記することが多い。　il 19 agosto

以下の日は,次のようになる。

　　1日　il primo（1日のみ序数。uno は用いない）　　8日　l'otto

日のみをいう場合,次のような表現をよく用いる。日の数字の前に定冠詞は不要。

Quanti ne abbiamo oggi ?　今日は何日ですか？
Ne abbiamo diciannove.　19日です。

（→第8課　不規則動詞・その1「さらに詳しく」,第25課　ne の用法）

この課の新出単語

☐ nonno　祖父 / nonna　祖母　　☐ medico　医者　　☐ chiesa　教会
☐ gli Stati Uniti　アメリカ合衆国　☐ Sicilia　シチリア　☐ mese　男月

時を表す単語のまとめ（曜日,月,季節）

Lezione 10 疑問詞

❖ この課のポイント ❖

- 疑問詞を含む疑問文は，疑問詞＋動詞＋主語の語順となる。（主語人称代名詞が主語の場合は，省略されることが多い。）
- 疑問詞には，既習の che cosa（何），dove（どこ）のほか，次のようなものがある。quando（いつ），come（どのように），chi（誰），perché（なぜ），quale（どれ），quanto（いくら）。
- quale，quanto は後ろに名詞を伴う場合がある。
- quale は，後ろに伴う名詞の数（単数か複数か）によって語尾が変わる。
- quanto は，後ろに伴う名詞の数（単複）のほか，性（男女）によっても語尾が変わる。
- 疑問の対象によっては，前置詞を前に置いた形で疑問詞が用いられることがある。

文法ノート

che cosa, dove

これまで疑問詞としては以下の2つの語が出てきました。

che cosa 何が，何を （第5，7，8課）

dove どこに，どこで （EXTRA 3，第7，8課）

復習として，以下の文をイタリア語で言ってみましょう。

1) 今夜何をするの？
2) 何を食べるの？
3) どこに住んでいるの？
4) どこに行くの？
5) どこの出身なの？

解答は以下のとおり。

1) Stasera che cosa fai ?　2) Che cosa mangi ?
3) Dove abiti ?　4) Dove vai ?
3) Di dove sei ?

che について　　　　　　　　　　　　　　CD59

〈che＋名詞〉で「何〜」「どの〜」となる。

Che lavoro fa Lei ?
　お仕事は何をなさっているんですか？

Sono infermiere.
　看護師です。

＊答えの文は essere に職業名をつけて答えることが多い。その場合，冠詞は用いない。

> **参考**
> Che cosa は，che あるいは cosa だけで用いられることもある。
> Stasera che fai ?
> (=Stasera che cosa fai ?)
> Cosa mangi ?
> (=Che cosa mangi ?)

Che lingue parla Lei ?
　あなたは何語を話されますか？

Parlo giapponese, inglese e italiano.
　日本語と英語，イタリア語を話します。

＊「何語を〜」という疑問文では，ふつう複数形 lingue を用いる。

語尾変化のない疑問詞（ふつうの疑問詞）　　　CD60

quando いつ

Quando vai al mare ?　いつ海に行くの？
—— Domenica vado al mare.　日曜に海に行くよ。

come どのように，どんなふうに

Com'è il tempo lì ?　そちらは天気はどうですか？
—— È brutto. Piove spesso.　悪いです。しょっちゅう雨ですよ。

疑問詞

* Com'è は Come è の省略形。
* piove は原形 piovere。3人称単数しかない特殊な動詞。(→ EXTRA 9)

Come stanno i Suoi genitori ?
ご両親はいかがお過ごしですか？

── **Stanno bene, grazie.**
おかげさまで元気でやっております。

chi 誰が，誰を

Chi è ? どなたですか？（インターホンの応答などで）

── **Sono io!** 僕だよ！

Chi parla cinese ? 誰が中国語を話すの？

── **Dario parla cinese molto bene.**
ダリオが中国語がとても上手です。
* 主語として「誰が」の意味で使うとき，動詞は3人称単数形。

Chi inviti a cena ? 君は誰を夕食に招待するの？

── **Invito i signori Neri.** ネーリさん夫妻を招待します。
* このように，chi は動詞の目的語として「誰を」の意味となる場合もある。
* 男性は〈il signor + 姓〉，既婚女性は〈la signora + 姓〉，夫妻は〈i signori + 姓〉となる。未婚女性は la signorina. 呼び掛けは定冠詞なしで，男性は signore.

perché なぜ

Perché non vai al lavoro ? なぜ仕事に行かないの？

── **Perché ho un mal di testa molto forte.**
頭痛がひどいんだ。
* perché は「なぜ」という疑問詞と「なぜなら」という接続詞の意味をもつ。(→第14課 接続詞) 答えの perché は省略されることもある。

* mal di testa の前に不定冠詞が付くのは，修飾語の molto forte があるため。

語尾変化する疑問詞

quale　どちらが（を），どの〜　　　　　　　　　　CD61

後ろに名詞を伴うとき，単数名詞なら quale のまま，複数なら quali となる。名詞の男女は関係ない。

> Quale pizza prendi ?　どのピッツァにするの？
> —— Prendo una pizza margherita.　マルゲリータにする。
>
> Quali spaghetti prendi ?　どのスパゲッティにするの？
> —— Prendo gli spaghetti alla carbonara.
> 　　カルボナーラにする。

以下のように，名詞を後ろに伴わない用法もある。また，quale è は quale の最後の e が落ちて qual è となる。

> Quale preferisci, il vino o la birra ?
> 　どちらがいい？　ワイン？　ビール？
> —— Preferisco la birra, grazie.　ビールにする。ありがとう。
> （第6課　規則動詞・その1　動詞 preferire 参照）
>
> Qual è il tuo dizionario ?　きみの辞書はどれ？
> —— Questo è il mio.　これが僕のだ。

quanto　どれぐらい，いくら　　　　　　　　　　CD62

後ろに名詞を伴うとき，その名詞の性と数（男女，単複）によって quanto の語尾が -a, -i, -e と変わる。なお，単数は数えられない名詞の単数形（複数形はない），複数は数えられる名詞の複数形。

Quanto zucchero metti nel caffè ?
コーヒーに砂糖をどれぐらい入れる？
―― Metto due cucchiaini di zucchero.
スプーン2杯入れる。

Quanti anni hai ?　きみは何歳？
―― Ho ventidue anni.　22歳だよ。

Quante studentesse ci sono nella classe ?
クラスに何人女子学生がいますか？
―― Ci sono dodici studentesse.
女子学生は12人います。

以下のように，後ろに名詞を伴わない用法もある。
Quanto costa ?　いくらですか？
―― Costa cento euro.　100ユーロです。

> **注意**
> 値段を聞くときには Quant'è ?（← Quanto è ?）もよく使われる。
> その時答えは Cento euro. のみとなることが多い。

前置詞＋疑問詞の形の疑問文　　CD63

答えの文で使われる前置詞を伴う。その前置詞は疑問詞の前に置かれる。

Di dove sei ?　君はどこの出身なの？
―― Sono **di** Osaka.　大阪出身だよ。

Di chi è questo ombrello ?　È tuo ?
この傘は誰の？　　　　　　　　君の？
―― Non è mio. È **di** Paolo.　僕のじゃない。パオロのだよ。

Con chi vai domani al mercato ?
　明日誰と市場に行くの？

——Vado al mercato **con** Giovanna.
　ジョヴァンナと行くよ。

❗ さらに詳しく・・・

　これまで見てきた疑問詞を使ったいろいろな疑問文の表現を，さらに広げていきましょう。

〈che ＋名詞〉のその他の文

　Che genere di alcolici bevi ?　どんな種類のアルコールを飲むの？

　——Bevo solo la birra.　ビールしか飲まないのです。

　＊「どんな種類」では quale も可能だが，会話では che をよく使う。

〈前置詞＋疑問詞〉の形の疑問文

　Da dove viene quel ragazzo ?　あの男の子はどこから来ているの？

　——Viene **da** Torino.　トリノから来ているんだよ。

　Da quanto tempo studi l'italiano ?
　　どのぐらいの期間イタリア語を勉強しているの？

　——**Da** due anni.　2年です。

A che ora（何時に）については第14課「時間の表現」参照。

疑問詞

練習問題

練習問題Ⓐ

1 質問 **1.**〜**4.** に対する答え（①〜⑥）を選びましょう。ただし不要な答えが2つあります。

1. Chi è quel ragazzo ?
2. Perché stai a casa ?
3. Di dov'è Lei, signor Bianchi ?
4. Quale vino compri ?

① Sono stanco.
② Vado a comprare il vino.
③ È il fratello di Maria.
④ Compro una bottiglia di Chianti.
⑤ Sono di Torino.
⑥ È molto simpatico.

練習問題Ⓑ

1 次の質問をつくり，指示のとおりに答えの文もつくりましょう。以下の単語を参考にしてください。（順不同）

> cucinare, interessante, di solito, mal di stomaco, la settimana prossima

1. その映画はどう？
　すごくおもしろいよ！
2. 学生たちはいつイタリアから (dall'Italia) 帰ってきますか？
　来週帰ってきます。
3. 君の家では誰が料理するの？（「〜の家」は，所有形容詞が名詞の後ろ）
　ふだんは弟がするよ。

4. なぜ食べないの？
おなかが痛いんだ。（おなか，胃：stomaco）

2 例に倣って，「1日どれぐらいの〜を食べるの/飲むの/吸うの？」という質問をつくり，指定の単語を使って答えましょう。「1日に」は al giorno といいます。ワインと果物は数えられない名詞，お菓子とたばこは数えられる名詞とします。

例 コーヒー（数えられる名詞として考える）　答：2杯
Quanti caffè bevi al giorno ?
Bevo due caffè.

* bevi, bevo の原形は bere. 第9課 不規則動詞その2「さらに詳しく」を参照すること。

1. ワイン　　　　　答：グラス (bicchiere 男) 1杯
2. 果物　　　　　　答：少し
3. お菓子 (dolci)　　答：たくさん
4. たばこ　　　　　答：2, 3本 (un paio di 〜) だけ

3 次の質問をつくり，指示のとおりに答えの文もつくりましょう。

1. あなたはどこのご出身ですか？
プラートです。フィレンツェの近くの町です。（〜の近くの：vicino a 〜）
2. 誰が払ってくれるの？
彼のお父さんが僕らの分 (per noi) も払ってくれるんだよ。
3. どれがイタリアのワインですか？（複数で）
この3つがイタリアのワインです。

練習問題Ⓒ

1 「どれぐらいの期間〜しているの？」という質問をつくり，指定の単語を使って答えましょう。答えも動詞を含めた文にすること。

1. 日本にいる　　　　　　答：3年と8か月
2. ここで働いている　　　答：3週間
3. 君たち　/　このマンションに住んでいる（地名でなく「家」などが来る時前置詞は不要）　　答：10年以上

この課の新出単語

- ☐ infermiere 男 / infermiera 女　看護師
- ☐ lingua　言語
- ☐ giapponese　日本語
- ☐ inglese　英語
- ☐ mare 男　海
- ☐ tempo　天気
- ☐ brutto　（天気が）悪い・醜い
- ☐ piovere　雨が降る
- ☐ invitare　招待する
- ☐ i signori 〜 男複　〜夫妻
- ☐ forte　強い
- ☐ pizza margherita　ピッツァ・マルゲリータ
- ☐ spaghetti alla carbonara　スパゲッティ・アッラ・カルボナーラ
- ☐ birra　ビール
- ☐ zucchero　砂糖
- ☐ mettere　入れる・置く
- ☐ cucchiaino　スプーン
- ☐ classe 女　クラス
- ☐ costare　（値段が）かかる
- ☐ euro　ユーロ（単複同形）
- ☐ mercato　市場
- ☐ la settimana prossima　来週
- ☐ prossimo　次の
- ☐ cucinare　料理する
- ☐ stomaco　胃
- ☐ bere　飲む
- ☐ al giorno　1日に
- ☐ bicchiere 男　グラス
- ☐ dolce 男　お菓子・デザート
- ☐ poco　少しの 形
- ☐ sigaretta　たばこ
- ☐ fumare　たばこを吸う
- ☐ solo　〜だけ
- ☐ anche　〜も

「さらに詳しく」＋練習Ⓒの単語

- ☐ genere 男　種類
- ☐ alcolici 男複　アルコール飲料
- ☐ appartamento　マンション
- ☐ più di 〜　〜以上

EXTRA 6
感嘆文

感嘆文には「感嘆詞」と呼ばれる語を用いる。感嘆詞には，come，che，quanto がある。

come

Com'è bello！　なんて素敵なんだ！

Com'è veloce！　なんて速いんでしょう！

Come parla bene l'inglese！
　なんて上手に英語を話すんだ！

che

Che bello！　なんて素敵なんだ！

Che tempaccio！　なんてひどい天気なんだ！

　＊tempaccio は tempo の派生語。語尾が -accio になると「ひどい〜」「悪い〜」の意味になる。

Che bella giornata (è oggi)！
　（今日は）なんて気持ちの良い日だ！

　＊bello 以外は，che の後に形容詞が単独で用いられることはあまりない。che は名詞を伴うのがふつう。

quanto

　　Quant'è bello !　なんて素敵なんだ！
　　Quanta gente (c'è) !　なんてたくさんの人だ！
　　Quanti soldi sprecati !
　　　なんと多くの金が無駄遣いされてるんだ！

* quanto の後に è が続くとき quant'è となる。
  quanto は「なんて」のほか「どれほど多くの」という意味も持つ。その場合形容詞的に名詞を修飾するので，名詞の性・数に合わせて語尾が変化する。

* 「なんて素敵なんだ！」の3つの文では，Che bello ! が最も口語的。反語的な皮肉も含めて，幅広く使われる。
* 感嘆詞には，その他 quale という文語的な語がある。

この課の新出単語

- veloce　速い
- tempaccio　ひどい天気
- giornata　日・一日
- gente　女単　人々
- sprecare　無駄遣いする（sprecati は過去分詞の形容詞的な用法で，「無駄遣いされた」）

Lezione 11 補語人称代名詞

❖ この課のポイント ❖

- 補語人称代名詞には,直接補語人称代名詞と間接補語人称代名詞とがある。
- 直接補語人称代名詞は,動詞の目的語となる代名詞である。つまり,ふつう日本語で「私を」,「それを」など「～を」となる代名詞である。
- 間接補語人称代名詞は,動詞の間接目的語,動作の相手となる代名詞である。つまり,ふつう日本語で「私に」,「彼に」など「～に」となる代名詞である。
- 直接補語や間接補語の代名詞は,ほとんどの場合動詞の前に置く。
（前に置かない場合については「さらに詳しく」の「補語人称代名詞を動詞の原形と用いる場合」を参照。）
- 直接（間接）補語人称代名詞は,単に直接（間接）補語ともいう。

ターゲット

Mi ami ?　——Certo, **ti** amo tanto.　　CD65
　私を愛してる？　　——もちろん,すごく愛してるよ。

Prendi un caffè ?　——Sì, **lo** prendo volentieri.
　コーヒーを飲む？　　——ええ,喜んでいただきます。

Telefoni a Paola spesso ?
——No, non **le** telefono quasi mai.
　パオラによく電話するの？　　——いいえ,めったにしません。

文法ノート

直接補語人称代名詞

直接補語人称代名詞（直接補語）には次のようなものがある。置く位置は普通は**動詞の直前**。否定文でも同様。

	単数	複数
1人称	mi（私を）	ci（私たちを）
2人称	ti（君を）	vi（君たちを・あなた方を）
3人称	lo（彼を / それを） la（彼女を / それを）	li（彼らを / それらを） le（彼女らを / それらを）
敬　称	La（あなたを）	

＊敬称の「あなた方を」は，ふつう Li・Le でなく vi を用いる。

mi, ti, ci, vi の使い方

ともに使われるのは，以下のように，人を直接目的語とする動詞である。
amare, chiamare（電話する，呼ぶ）, invitare, vedere, incontrare, aspettare, conoscere など。

Mia zia mi invita a cena.
おばは私を夕食に招待してくれる。

Mia madre non vi conosce.
私の母は君たちのことを知りません。

質問と答えでは，とくに「誰が誰を」に注意すること。

Mi ami ? —— Certo, ti amo. （ターゲット文）

lo, la, li, le の使い方

lo, la, li, le は，人の代わりをする場合と，ものの代わりをする場合の両方がある。人の場合，順に「彼を」「彼女を」「彼らを」「彼女たちを」と

いう意味であり，男性・女性，単数・複数によって使い分ける。

| 男性単数→ **lo** | 女性単数→ **la** | 男性複数→ **li** | 女性複数→ **le** |

置く位置は他の直接補語と同じく**動詞の直前**。

Vedi Paolo ?　　── Sì, vedo Paolo.
　　　　　　　　　　［Paolo は男性単数→ **lo**］
　　　⇒　　── Sì, **lo** vedo.

Vedi Anna ?　　── No, non vedo Anna.
　　　　　　　　　　［Anna は女性単数→ **la**］
　　　⇒　　── No, non **la** vedo.

lo, la, li, le は，会話や文中で同じ名詞を繰り返さないために，代名詞としてその名詞の代わりをする。したがって，人だけでなくものの代わりもする。代わりをする名詞の男女単複によっての使い分けは，上記の人の場合の規則と同様である。

Prendi un caffè ?　　── Sì, prendo un caffè.
　　　　　　　　　　　　　　［un caffè は男性単数→ **lo**］
　　　⇒　　── Sì, **lo** prendo.
　　　　　　（コーヒーを＝それを）

Prendi una pasta ?　　── No, non prendo una pasta.
　　　　　　　　　　　　　　　［una pasta は女性単数→ **la**］
　　　⇒　　── No, non **la** prendo.
　　　　　　（ケーキを＝それを）

> **注意**
> lo, la の直後の動詞が母音で始まる場合，l' がよく用いられる。L'aspetto. は Lo aspetto. または La aspetto. 文脈によって判断される。

補語人称代名詞

間接補語人称代名詞

間接補語人称代名詞（間接補語）には次のようなものがある。置く位置は**動詞の直前**。否定文でも同様。ただし，loro のみ動詞の後に置く。

	単数	複数
1人称	mi（私に）	ci（私たちに）
2人称	ti（君に）	vi（君たちに・あなた方に）
3人称	gli（彼に） le（彼女に）	gli / loro（彼らに） gli / loro（彼女らに）
敬　称	Le（あなたに）	

Ti chiedo un favore.
　　君に頼みがあるんだけど。

間接補語人称代名詞は〈**前置詞 a ＋人**〉に代わる代名詞である。したがって，3人称の場合以下のようになる。

> a ＋男性単数 → gli　　a ＋女性単数→ le
> a ＋男・女複数→ gli / loro

Telefoni a Paola ?　—— No, non telefono a Paola.
　　　　　　　　　　　[a ＋女性単数→ **le**]
　　　　　　　⇒　—— No, non **le** telefono.

3人称複数「彼らに」「彼女らに」では，話し言葉で gli がよく使われる。loro ならば動詞の後に置く。

Telefoni ai tuoi genitori ?
　—— Sì, telefono ai miei genitori.
[a ＋複数→ **gli / loro**]
　　⇒　　—— Sì, **gli** telefono.
　　または　—— Sì, telefono **loro**.

さらに詳しく・・・

直接補語と間接補語を共に使う場合（「私にそれを」など）
間接，直接の順で動詞の前に来るが，間接補語の形が変わる。

間接補語が１人称と２人称の単数と複数の場合

間接補語
mi →**me**
ti →**te**
ci →**ce**
vi →**ve**

＋

直接補語
男・単→**lo**
女・単→**la**
男・複→**li**
女・複→**le**

したがって，「私にそれを（それらを）」という場合，「それ（それら）」が男女・単複により以下の４通りとなる。

me lo, me la, me li, me le

＊ te, ce, ve についても同様。

　　Ho un libro italiano. **Te lo** regalo.
　　　僕はイタリア語の本を持っている。君にそれをあげるよ。

間接補語が３人称の単数および複数の場合

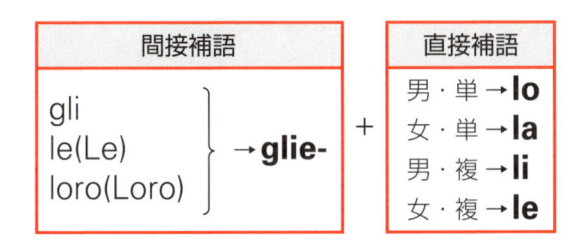

間接補語
gli
le(Le)
loro(Loro)

→**glie-**　＋

直接補語
男・単→**lo**
女・単→**la**
男・複→**li**
女・複→**le**

間接補語が glie- の場合，直接補語とつながって１語のようになる。たとえば直接補語が lo の場合，**glielo** となる。

　　Ho un libro italiano. **Glielo** regalo.
　　　僕はイタリア語の本を持っている。彼にそれをあげようと思う。

補語人称代名詞

同様に，直接補語に応じて **gliela**, **glieli**, **gliele** となる。

「誰々に〜を」の形でよく使う動詞

直接補語と間接補語をともに使って「誰々に〜を」という形でよく用いる動詞としては，次のようなものがある。

　　　dare（与える）　regalare（贈る）　prestare（貸す）　restituire（返す）

　　　offrire（ご馳走する，おごる）　spedire / mandare（送る）

＊ dare の活用は第9課「不規則動詞・その2」の「さらに詳しく」参照。
＊ -ire 動詞の restituire と spedire は isc 型。offrire はふつうの活用。
＊その他はすべて規則動詞。

強勢形

強勢形とは，その補語を強調するときに用いる形である。

	単数	複数
1人称	me	noi
2人称	te	voi
3人称	lui / lei	loro
敬　称	Lei	Loro

直接補語の**強勢形** ── 動詞の後にそのまま用いる。

　　Amo **te**, non **lei**.　彼女ではなく，君を愛している。

間接補語の**強勢形** ── 前置詞 **a** の後に強勢形を用いる。

　　Chiedi a **lui**, non a **me**.　僕ではなく彼に聞くんだね。

前置詞の後には強勢形が用いられる。

　　Vieni con **me**?　私と一緒に来る？

補語人称代名詞とともに使うとき注意すべき動詞

次のように，日本語訳との関係で紛らわしいものがあるので注意すること。

直接補語をとる動詞

以下の動詞は，日本語で「～を」とはならないが，直接補語をとる。
下線部が間違えやすい箇所である。正しくは直接補語を用いた文である。

incontrare（～と会う）

- 正 **Lo** incontro a scuola.　彼と学校で会う。
- 誤 Incontro con lui a scuola.

chiamare（～に電話する）

- 正 Stasera chiami Paola ?　── Sì, **la** chiamo.
  今夜パオラに電話する？　── するよ。
- 誤 Stasera chiami a Paola ?　── Sì, le chiamo.

ringraziare（～に感謝する）

- 正 **La** ringrazio per la Sua gentilezza.
  ご親切に感謝します。（←あなたの親切ゆえにあなたに感謝する）
- 誤 Le ringrazio per la Sua gentilezza.

pregare（～にお願いする）

- 正 **La** prego.
  お願いします。
- 誤 Le prego.

間接補語をとる動詞

以下の動詞は，日本語で「〜に」とはならないが，間接補語をとる。前置詞は a。下線部が間違えやすい箇所である。正しくは間接補語を用いた文である。

credere（〜を信じる）

- 正　Credi **a** lui ?　── No, non **gli** credo.
　　　彼を信じてる？　　　── いや，信じてない。

- 誤　Credi lui ?　── No, non lo credo.

pensare（〜を思う）

- 正　Penso **a** mia madre. **Le** penso spesso.
　　　母のことを考えている。しばしば考える。

- 誤　Penso mia madre. La penso spesso.

補語人称代名詞を動詞の原形と用いる場合

補語人称代名詞は通常は動詞の直前に入れるが，「〜しに行く」のように動詞の原形とともに用いる文では，動詞の e を除いた形の後に付ける。

Vado a comprar**lo**.　それを買いに行く。
（comprare → e を除く + lo）

補助動詞を用いる文，命令文，ジェルンディオを使った文の中での使い方は，それぞれの課を参照のこと。
（→第13課　補助動詞，第16課　命令法，第22課　ジェルンディオ）

練習問題

練習問題Ⓐ

1 直接補語人称代名詞を使って，質問に Sì と No で答えましょう。

1. Mi aspetti ?
2. Mi chiami ?
3. Conosci il signor Neri ?
4. Ci aspettate alla stazione ?
5. Incontrate Mario in centro ?
6. Invitate Lucia a cena ?

2 次のように「〜を食べる？」と聞かれます。volentieri（喜んで）を文の最後に用い，「喜んでそれをいただきます。」と答えましょう。

1. Mangi le lasagne ?（ラザーニャ）
2. Mangi gli spaghetti al pomodoro ?
　　　　　　　　　　　（トマトソースのスパゲッティ）
3. Mangi il risotto ai funghi ?（きのこのリゾット）
4. Mangi le penne al gorgonzola ?（ゴルゴンゾーラチーズのペンネ）
5. Mangi un gelato alla fragola ?（イチゴのアイスクリーム）

練習問題Ⓑ

1 次の質問に，代名詞を用い「　」の単語を加えて答えましょう。

1. Leggi questo libro ?　── Sì で答える。「今夜」
2. Tuo padre ascolta la musica classica ?
　　── No で答える。「めったに〜ない」
3. Giovanna compra vestiti italiani ?
　　── No で答える。「日本では」
4. Fate la festa di compleanno per Mario ?
　　── Sì で答える。「来週」(la settimana prossima)

2 次の質問に，代名詞を用い指定の語を使って答えましょう。

1. Scrivi spesso ai tuoi genitori？　　答：めったに〜ない
2. Ti telefonano i tuoi amici？　　答：ときどき
3. Che cosa regali a Paolo？　　答：イタリアのワインを1本
4. Che cosa regalate ai vostri genitori？　答：バラの花束

練習問題Ⓒ

1 次の質問に，代名詞を用い「　」の単語や文を加えて答えましょう。

1. Mi offri un caffè？　　——Sìで，「今日は私が」
2. Mi dai questi libri？　　——Noの文をつくり，2つ目の文で「でも貸してあげる」
3. Ci mandi una cartolina dall'Italia？　　——Sìで，「ミラノから」
4. Regali un maglione a tua sorella？　　——Sìで，「誕生日に」
5. Franco regala gli orecchini alla sua fidanzata？
　　——Noの文をつくり，「そうではなく指輪を贈る」を加える

この課の新出単語

- ☐ certo　もちろん 副　　☐ tanto　とても 副　　☐ volentieri　喜んで
- ☐ quasi　ほとんど　　☐ non〜quasi mai　めったに〜ない
- ☐ favore　男 頼み事　　☐ lasagne　女複 ラザーニャ　　☐ risotto　リゾット
- ☐ funghi　男複 きのこ　　☐ penne　女複 ペンネ（パスタの一種）
- ☐ gorgonzola　ゴルゴンゾーラ・チーズ（-aだが男）
- ☐ fragola　いちご　　☐ vestito　服　　☐ compleanno　誕生日
- ☐ ogni tanto　ときどき　　☐ mazzo　束　　☐ rosa　バラ

「さらに詳しく」＋練習Ⓒの単語

- ☐ maglione　男 セーター　　☐ orecchini　男複 イヤリング
- ☐ invece　そうではなく，それに対して

動詞のまとめ（本文記載のもの）

- [ ] amare　愛する
- [ ] telefonare　電話する
- [ ] chiamare　電話する, 呼ぶ
- [ ] incontrare　会う
- [ ] aspettare　待つ
- [ ] conoscere　知り合う, 知っている
- [ ] chiedere　頼む, 尋ねる
- [ ] regalare　プレゼントする
- [ ] prestare　貸す
- [ ] restituire　返す
- [ ] offrire　ご馳走する, おごる
- [ ] mandare　送る
- [ ] ringraziare　感謝する
- [ ] pregare　お願いする, 祈る
- [ ] credere　信じる
- [ ] pensare　思う

補語人称代名詞

Lezione 12 特殊な動詞 piacere （「～が好きだ」という表現）

❖ この課のポイント ❖

- piacere という動詞は，ふつうの動詞とは異なる用法を用いて，「誰々は～が好きだ」という意味を表す。
- 「～が好きだ」というとき，「～」すなわち「好きなもの」が主語となる。主語は3人称単数扱いおよび3人称複数扱いのもの，動詞「～すること」の3種がよく使われる。
- 「好きなもの」である主語は，動詞 piacere の後ろに置かれる。
- piacere は不規則動詞で，主語が単数のときは piace（3人称単数の活用形），複数のときは piacciono（3人称複数の活用形）である。
- 「誰が気に入っているか」は間接補語で表す。

ターゲット

CD66

Mi **piace** la cucina italiana.
　私はイタリア料理が好きです。

Ti **piace** la pizza ?　——Sì, mi **piace** molto.
　君はピッツァが好き？　　——うん，とても好きだよ。

Ti **piacciono** gli spaghetti ?
——No, non mi **piacciono** molto.
　スパゲッティは好き？　　——いや，あまり好きじゃない。

Mi **piace** viaggiare.
　私は旅行をするのが好きだ。

イタリア語文法徹底マスター

文法ノート

piace と piacciono

「私は〜が好きだ。」の「〜」の部分が文の主語となる。

主語である「〜」によって動詞 piacere の形が変わる。多くの場合，3人称単数か3人称複数に活用する。3人称単数は **piace**，3人称複数は **piacciono** である。「私は」は mi で表す。(mi は間接補語。後述「注意」参照。)

「〜」が単数	Mi piace 〜	Mi piace la pizza.
「〜」が複数	Mi piacciono 〜	Mi piacciono gli spaghetti.

molto，否定文，疑問文とその答え

「とても好き」は，piace，piacciono の後に molto を置く。

否定文は，non が mi piace の前に入る。「嫌い」に近いニュアンスとなる。piacciono も同様。

「〜があまり好きではない」は non mi piace molto 〜 となる。

「私は」の代わりに「君は」という時には，mi が ti となる。疑問文も同形なので，「君は〜が好き？」という疑問文は，以下のようになる。

「〜」が単数	Ti piace 〜 ?	Ti piace la pizza ?
「〜」が複数	Ti piacciono 〜 ?	Ti piacciono gli spaghetti ?

答えの文ではふつう主語を省略する。即ち，上の問いに対する答えは，la pizza が省略されて，Sì, mi piace. No, non mi piace molto. などとなる。「〜」が複数の文も同様。

> **注意**
> mi, ti は間接補語人称代名詞である。「私に」「君に」，つまり「…にとって」というような意味である。したがって，敬語で「あなた」に対して聞く場合，Le piace 〜 ? となる。

特殊な動詞 piacere (「〜が好きだ」という表現)

"好きなもの" が動詞の場合

「〜すること」は単数扱いで，その動詞を原形で用いる。

Mi piace viaggiare.（ターゲット文）

さらに詳しく・・・

3人称単数・複数以外の活用形

　動詞 piacere は piace, piacciono 以外の他の活用形も存在する。io から順に以下の通り。

piaccio / piaci / piace / piacciamo / piacete / piacciono

3人称以外の人称を使った文では，次のようなものが可能である。

Ti piaccio ?　君は僕のことが好き？（＝僕は君の気に入っている？）

Piacete al professore.　君たちは先生に気に入られている。

　ただし，好き嫌いを述べるとき，主語が3人称単数，3人称複数の名詞の場合が格段に多いので，活用形として piace および piacciono が用いられる文が多い。

参考

人に愛情や好意を抱くという意味では，「volere bene a + 人」がよく使われる。（補語人称代名詞の場合，〈a + 人〉に代わるのは間接補語。以下の mi, ti は間接補語である。）
Mi vuoi bene ? ── 僕が好き？　　Sì, ti voglio molto bene. ── 大好きよ。
（→第12課　補助動詞 volere）

"誰が気に入っているか"が「私」と「君」以外の場合

"誰が気に入っているのか"は，その「人」の前に前置詞 a を付ける。したがって，補語人称代名詞の場合は間接補語である。たとえば「彼」の場合は gli。（→第11課　補語人称代名詞）

A Luigi piace il suo lavoro？　——Sì, **gli** piace.
　ルイージは自分の仕事を気に入ってるの？　——うん，気に入ってるよ。

A Sandra piacciono quei ragazzi？　——No, non **le** piacciono.
　サンドラはあの男の子たちが好きなの？　——いや，好きじゃない。

Vi piace la camera？
　——Sì, **ci** piace. Soprattutto **a mio marito**.
　皆さんお部屋はお気に召しましたか？
　——ええ，とりわけ夫が気に入っています。

〈a ＋強勢形〉の用法

自分の好き嫌いを強調したり，相手の好き嫌いに同意する表現では，間接補語の部分に〈a ＋強勢形〉を用いる。同意する時は，相手の文が肯定文か否定文かによって，anche と neanche を使い分ける。

Mi piace la carne. **A te**？　——**A me** piace di più il pesce.
　私は肉が好きだけどあなたは？　——私は魚の方が好き。

Mi piacciono i film giapponesi.　——Anche **a me**.
　私は日本の映画が好きです。　　　——私もです。

Non mi piace il baseball.　——Neanche **a me**.
　私は野球が好きではないのです。　——私もです。

Mi piace vedere una partita di calcio.
　サッカーの試合を見るのは好きだな。
　——**A me** no. È noioso.
　——僕はいやだね。退屈だ。

特殊な動詞 piacere（「〜が好きだ」という表現）

練習問題

練習問題Ⓐ

1
①以下のものについて，自分自身の好き嫌いを言ってみましょう。「とても」「あまり〜ない」などの形も使いましょう。
②以下のものが好きかどうかの質問をつくりましょう。
③その質問に自分自身の答えで答えましょう。

    1. il gelato   **2.** la carne   **3.** il caffè forte   **4.** la verdura

練習問題Ⓑ

1
以下の名詞を使って，練習Ａ−１でつくったそれぞれの質問に，①②の指示のとおりに答えましょう。

    1. il gelato   **2.** la carne   **3.** il caffè forte   **4.** la verdura

①「とても好き」と答え，「毎日それを食べる・飲む」と続ける。
②「あまり好きではない」と答え，「めったにそれを食べない・飲まない」と続ける。
（①②ともに，２番目の文には目的語に代えて直接補語代名詞を使うこと。）

2 ①以下のものが好きかどうかの質問をつくりましょう。

    1. il sushi   **2.** gli spaghetti alle vongole   **3.** i peperoni
    4. 犬   **5.** 猫   ＊動物はふつう定冠詞つきの複数を用いる

② ①でつくった質問に，次の指定のとおり答えましょう。番号は，①の名詞の番号と対応しています。
  1. No で答える。続けて「生の魚は好きではない」と付け加える。
  2. Sì で答える。続けて「あさりが大好きだ」と付け加える。
  3. No で答える。続けて「野菜があまり好きでない」と付け加える。
  4. Sì で答える。続けて「小さい犬が好きだ」と付け加える。
  5. No で答える。続けて「家で動物を飼うのは好きではない」と付け加える。

3 ①以下のことについて、自分自身の好き嫌いを言ってみましょう。「とても」「あまり～ない」などの形も使いましょう。
② 以下のことが好きかどうかの質問をつくりましょう。
③ その質問に自分自身の答えで答えましょう。

1. 音楽を聴く
2. 外食をする（外で食べる）
3. 友だちとでかける
4. 人前で（in pubblico）話す

4 ①次の動詞について、「～するのが好きだ」という文をつくり、その後に続けて「毎日～する」という文を付け加えましょう。
②「好きでない」という文をつくり、その後に続けて「ほとんど～しない」という文を加えましょう。
（①②ともに、2番目の文の目的語に補語人称代名詞を使うこと）

1. studiare l'italiano
2. fare una passeggiata
3. leggere il giornale

練習問題Ⓒ

1 好き嫌いについて話すAとBの会話を訳しましょう。

1. A：僕は和食が好きだ。君は？
   B：僕はイタリア料理の方が好きだ。
2. A：私はこの俳優が好き。
   B：私も。
3. A：僕は人前で歌うのが好きではないんだ。
   B：私も。

この課の新出単語
- viaggiare 旅行する
- vongole 囡 複 あさり
- peperone 男 ピーマン
- cane 男 犬
- crudo 生の
- pesce crudo 生魚・刺身
- piccolo 小さい
- animale 男 動物
- pubblico 公衆

「さらに詳しく」＋練習Ⓒの単語
- camera 部屋
- soprattutto とりわけ
- di più もっと
- anche ～も
- baseball 男 野球
- neanche ～も…でない
- partita 試合
- noioso 退屈な
- attore 男 俳優
- cantare 歌う

特殊な動詞 piacere（「～が好きだ」という表現）

Lezione 13 補助動詞

❖ この課のポイント ❖

- 補助動詞は，後ろに動詞を伴って意味をなす働きをする。伴う動詞は原形を用いる。
- 補助動詞には以下のようなものがある。
  volere（「〜したい」），potere（「〜できる」など），dovere（「〜しなければならない」など）。活用はいずれも不規則である。
- 「さらに詳しく」では，sapere（「〜できる」）について学ぶ。

ターゲット（volere）

CD67

Voglio andare in Italia.
イタリアに行きたい。

Voglio un tè.
紅茶が欲しい。

Che cosa **vuoi** mangiare stasera ?
今夜何を食べたい？

文法ノート

volere（〜したい）の活用　　　CD68

io	voglio
tu	vuoi
lui	vuole
lei, Lei	vuole
noi	vogliamo
voi	volete
loro	vogliono

　volere には，補助動詞としての機能と，単独の他動詞，即ち後ろに動詞を伴わず，名詞を目的語としてとる動詞としての機能がある。

補助動詞として
　volere が主語に合わせて活用。後続の動詞は原形を用いる。

　　Voglio andare in Italia.（ターゲット文）
否定文は，volere の活用形の前に non が置かれる。

　　Oggi non voglio uscire.　今日は出かけたくない。

単独の他動詞として
　volere は，「〜が欲しい」という意味の他動詞としての機能もある。後ろに動詞を伴わず，目的語の名詞を後続させる。

　　Vuoi un caffè ?
　　　コーヒーが欲しい？

　　── No, non voglio un caffè. Voglio un tè.
　　　（ターゲット文）
　　　── いや，コーヒーはいらない。紅茶が欲しい。

ターゲット (potere)

CD69

Oggi non **posso** uscire.
今日は出かけることができない。

Posso provare questa giacca？
このジャケットを試着していいですか？

potere（〜できる。〜してもよい。）の活用

CD70

io	posso
tu	puoi
lui	può
lei, Lei	può
noi	possiamo
voi	potete
loro	possono

potere には，主に以下のような用法がある。

「〜できる」という意味で

　　Domani mio padre può stare a casa.　父は明日家にいられる。
　　Oggi non posso uscire.（ターゲット文）

「〜していいですか」という意味で

「私」が主語の疑問文すなわち「Posso 〜 ?」という形で，「〜していいですか？」という意味になる。

　　Posso fumare qui ?　ここでたばこを吸っていいですか？
　　Posso provare questa giacca ?（ターゲット文）

「～してくれる？」という意味で
「君」「あなた」が主語の疑問文すなわち「Puoi ～ ?」「Può ～ ?」という形で「～してくれる？」「～してくれますか？」という意味となる。

　　　Puoi telefonare ?　電話してくれる？

ターゲット（dovere）

Devo stare a casa.
家にいないといけない。

Dovete studiare di più.
君たちはもっと勉強しないといけないよ。

dovere（～しないといけない）の活用

io	devo
tu	devi
lui	deve
lei, Lei	deve
noi	dobbiamo
voi	dovete
loro	devono

dovere には，主に以下のような用法がある。

「～しないといけない」という意味で
　　　Devo stare a casa.（ターゲット文）
　　　Dovete studiare di più.（ターゲット文）

「～に違いない」という意味で

dovere には，「～に違いない」という意味もある。

> Chi è quella ragazza ?
> ── Deve essere la sorella di Marco.
>> あの女の子はだれ？　── マルコの妹に違いないよ。

否定形

dovere の否定形には，「～してはだめだ」「～しなくてよい」という2種類の意味がある。どちらの意味であるかは文脈で判断する。

> Non devi andare lontano da solo.
>> ひとりで遠くに行ってはだめだよ。

> Non devi finire il lavoro stasera.
>> 今夜その仕事を終わらせなくてもいいんだよ。

❗ さらに詳しく・・・

sapere について

sapere もこれまで出てきた動詞と同じく補助動詞として機能する。また，「知っている」という意味の単独の他動詞（直接目的語をとる，後ろに動詞を伴うのではない動詞）としての機能もある。

sapere（〜できる。知っている。）の活用　CD73

io	so
tu	sai
lui	sa
lei, Lei	sa
noi	sappiamo
voi	sapete
loro	sanno

sapere には，主に以下のような用法がある。

補助動詞として

後ろに動詞の原形を伴って，「〜できる」「〜のしかたを知っている」の意味になる。

　　Antonio **sa** suonare la chitarra molto bene.
　　　アントニオはギターを弾くのがとても上手だ。

単独の他動詞として

単独では「知っている」の意味で，後ろに動詞を伴わず目的語の名詞を後続させる。

　　Mario **sa** bene la matematica.
　　　マリオは数学をよく知っている。

疑問詞を伴って

その他，後ろに疑問詞を伴う用法がある。

　　Sai quando torna ?　彼がいつ戻るのか知ってる？

　　Sa dov'è la stazione ?　—— Mi dispiace, non lo **so**.
　　　駅はどこかご存じですか？　—— いいえ，わかりません。

＊ lo は前の文の一部（時には全部）を指し，「そのこと」という意味になる。

sapere の活用形の後ろに疑問詞が来る時，その疑問詞に続けて動詞の原形を用いることがある。

　　Non so dove andare. = Non so dove devo andare.
　　　　私はどこに行けばよいのかわからない。

sapere と potere の違い

　ともに，日本語では「できる」と訳されるが，意味やニュアンスに違いがある。sapere は能力がある，やり方を知っているので「できる」，potere は状況が許すので「できる」という意味である。

　　So cucinare, ma qui non c'è una pentola. Non **posso** fare la pasta.
　　　　料理はできるがここにはなべがなくてパスタを作れない。

練習問題

練習問題Ⓐ

1 次の動詞と主語を用いて，指示通り「〜したい。」あるいは「〜したくない。」という文をつくりましょう。**1. 3.** は主語を省略すること。

　　　1. giocare a calcio ／ io ／ したい
　　　2. andare all'università ／ suo figlio ／ したくない
　　　3. comprare una macchina ／ noi ／ したい
　　　4. andare a letto ／ i bambini ／ したくない

2 次の動詞を用いて，「〜していいですか？」と許可を求める文をつくりましょう。

　　　1. aprire la finestra　　**2.** telefonare qui　　**3.** venire domani

3 次の動詞と主語を用いて，**1.** と **2.** は「〜しないといけない。」，**3.** と **4.** は「〜しなくてもよい。」という文をつくりましょう。なお **1.** と **2.** は主語を省略すること。

1. scrivere una lettera a mio padre ／ io
2. fare le pulizie ／ noi
3. andare a fare la spesa ／ Laura
4. pagare subito ／ i clienti

練習問題Ⓑ

1 例に倣って，「〜したいけれどできない。〜しないといけない。」という文をつくりましょう。

> **例** andare a letto ／ studiare
> Voglio andare a letto ma non posso. Devo studiare.
> 寝たいけど，寝てはいられない。勉強しないといけない。

1. mangiare di più ／ fare la dieta
2. uscire con gli amici ／ preparare la cena
3. comprare un cappotto nuovo ／ risparmiare

2 次の質問をつくり，答えの文を訳してその質問に答えましょう。

1. お昼に何を食べたい？
   答：イタリア料理が食べたい。例えばパスタとかリゾット（パスタは定冠詞，リゾットは不定冠詞をつける）。
2. イタリアで何を買いたい？
   答：おみやげをたくさん買いたい。父にはネクタイを買いたい。
3. 日本で何をしたい？
   答：京都を訪れたい。それから大阪に行ってショッピングをしたい。

練習問題Ⓒ

1 sapere を使って，以下のようにいろいろな主語と動詞を用いて「〜できる」あるいは「できない」という文をつくりましょう。

1. 私 ／ ピアノを弾く ／ できない
2. 私の兄 ／ 料理する ／ できない
3. あの子供 ／ とても上手に歌う ／ できる
4. 彼女の息子たち ／ 家事をする（fare le faccende domestiche）／ できる

⚠ 動詞のまとめ・その1（p.145）を読みましょう。

この課の新出単語

- provare　試着する・試す
- da solo (-a)　1人で
- fare la dieta　ダイエットする
- risparmiare　節約する
- a pranzo　昼食に
- per esempio　たとえば
- visitare　訪れる
- lontano　遠くに 副，遠くの 形
- cliente　男 女 客・顧客
- nuovo　新しい
- pranzo　昼食
- piatto　料理・お皿
- souvenir　男 おみやげ（複数も同形）

「さらに詳しく」＋練習Ⓒの単語

- suonare　弾く
- pentola　なべ
- faccende domestiche　家事（faccende 女 複）
- chitarra　ギター
- fare　作る
- Mi dispiace.　「残念です。」
- pianoforte　男 ピアノ

EXTRA 7
数詞（序数と分数）

序数

「序数」とは，「第○番目の」を表す数詞で，ローマ数字を使って表記する場合もある。第1番目から第10番目は以下のとおり。

> I primo　II secondo　III terzo　IV quarto　V quinto
> VI sesto　VII settimo　VIII ottavo　IX nono　X decimo

- ふつうの形容詞と同様名詞を修飾するので，語尾が名詞の性・数に一致する。<u>名詞の前</u>に置かれるのが一般的。

- 名詞の性・数に一致した定冠詞が前置される。

    il primo piatto　第1番目の料理（コース料理の中のパスタなど）
    la seconda notte　2日目の夜
    la decima unità　第10課

- ふつうの数字（アラビア数字）で筆記する場合，語尾の -o, -a の略として数字の右肩に °, ª を付ける。

    12° (dodicesimo)　第12
    la 9ª (nona) settimana　第9週目

- 11番目以降は，ふつうの数字のつづりの語尾をとって **-esimo** をつける。語末が tré ではアクセントだけをとって語尾はとらず，-esimo をつける。

    undici → undicesimo
    ventitré → ventitreesimo

序数は，教皇や国王が「〜世」という場合に，ローマ数字を用いて使われる。

  Giulio Ⅱ　（secondo）　ユリウス2世　（教皇）
  Luigi ⅩⅣ　（quattordicesimo）　ルイ14世　（フランス国王）

「〜世紀」を表すのにローマ数字がよく用いられる。
  il ⅩⅩⅠ secolo または il secolo ⅩⅩⅠ (ventunesimo)
  21世紀

分数

分子はふつうの数字（ただし1の場合はun），分母は序数を用いる。分子が2以上の複数のとき，分母も複数形で語尾が -i となる。

  un terzo　　　3分の1
  due terzi　　　3分の2

次の分数は，時間の表現でよく使われる。（→第14課　時間の表現）
  un quarto　　4分の1　（1時間の4分の1で，15分のこと）
  tre quarti　　4分の3　（1時間の4分の3で，45分のこと）

この課の新出単語

☐ notte　囡 夜　　☐ unità　囡 課

Lezione 14 接続詞を使った文／時間の表現

❖ この課のポイント ❖

《接続詞》
- 接続詞は大きく分けて３種類ある。
    1) 対等の関係にある語や文をつなぐ接続詞。
        （順接：e, quindi, allora　逆接：ma, però など）
    2) 従属節を導いて主節につなぐ接続詞。
        （quando, se, mentre, poiché, perché など）
    3) 名詞節（日本語で「〜ということ」となる部分）を導いて主節につなぐ接続詞。（che）（これについては「さらに詳しく」で学ぶ。）

《時間に関する表現》
- 時間を表す数字には定冠詞 le を伴う。「時間」が ora，その複数が ore という女性複数名詞であることによる。
- 「〜時に」は「alle ＋時間の数字」となる。

ターゲット（接続詞）

CD74

Ogni giorno vado a scuola e studio molto.
　　私は毎日学校に行ってよく勉強します。

Lui mangia molto ma è magro.
　　彼はよく食べるのにやせている。

Quando mio padre torna, ceniamo tutti insieme.
　　父が帰ると私たちは揃って夕食をとります。

Se piove, non usciamo.
　　雨が降ったら出かけるのはよそう。

文法ノート

対等の関係の文をつなぐ接続詞

順接は，前半の文を受けてさらに後半の文で説明する関係，逆接は，前半の文と逆のことを後半の文で述べる関係である。

順接

> e（そして）　quindi（だから）　allora（それでは）　など

Ogni giorno vado a scuola e studio molto.
（ターゲット文）

Mio figlio non sta bene. Quindi oggi devo stare con lui.
息子の具合が良くない。だから今日は一緒にいてやらないといけない。

Non hai soldi ? Allora come paghi l'affitto ?
お金がないの？　じゃあどうやって家賃を払うの？

＊eは文だけでなく名詞や形容詞など2つの語をつなぐ役割もする。
un caffè e due paste（→第2課　名詞）

逆接

> però　ma（しかし）　など

Lui mangia molto ma è magro.　（ターゲット文）
Sono molto stanco però devo andare a lavorare.
とても疲れているが仕事に行かなければならない。

従属節を導く接続詞

「節」とは，文の一部でありながら主語も動詞も備えている部分のことである。（ただし主語は省略されていることもある。）

主節とは，文の中の主たる節，従属節はそれに付随する節で，その関係を日本語の文で示すと以下のようになる。

　　父が帰ると，私たちは揃って夕食をとります。（ターゲット文）
　　（従属節）　　　　　　（主節）

従属節を導く接続詞を「従属接続詞」と呼ぶ。以下の接続詞はすべて従属接続詞である。

quando 《時》を表す。「～したとき」

　　Quando mio padre torna, ceniamo tutti insieme.
　　　　　（従属節）　　　　　　　（主節）
　　（ターゲット文）

se 《条件》を表す。「もし～ならば」

　　Se piove, non usciamo.　（ターゲット文）
　　（従属節）　（主節）

mentre 《同時性》を表す。「～している間に」

　　Mentre sua figlia dorme, lei legge il giornale.
　　　　　（従属節）　　　　　　（主節）
　　彼女は娘が眠っている間に新聞を読む。

poiché 《理由》を表す。「～なので」（文頭でも文中でも可）

　　Poiché ho mal di testa, oggi non vado all'università.
　　　　　（従属節）　　　　　　　（主節）
　　頭が痛いので今日は大学に行かない。

接続詞を使った文／時間の表現

<u>Oggi non vado all'università</u>　<u>poiché ho mal di testa.</u>
　　　　（主節）　　　　　　　　　（従属節）

頭が痛いので今日は大学に行かない。

perché《理由》を表す。「～なので」（文頭には用いない）

<u>Oggi non vado all'università</u>　<u>perché ho mal di testa.</u>
　　　　（主節）　　　　　　　　　（従属節）

頭が痛いので今日は大学に行かない。

さらに詳しく・・・

名詞節を導く che

　従属節でこれまで述べたものは，「副詞節」と呼ばれるものである。それに対して，「名詞節」と呼ばれる節があり，日本語の「～ということ」に相当するものである。**che** はその名詞節を導く接続詞である。

　Dario dice che suo fratello ha una macchina molto bella.
　　ダリオは，兄さんがすごくかっこいい車を持っていると言っている。
　　（→第9課　不規則動詞・その2「さらに詳しく」dire 参照）

　So che devo cominciare subito questo lavoro.
　　すぐにこの仕事を始めないといけないことはわかっている。

その他の接続詞

接続詞には，他にも次のようなものがある。

oppure ／ o「あるいは，それとも」（対等の文や語をつなぐ）

　Esci con me oppure rimani a casa ?
　= Esci con me o rimani a casa ?
　　僕と出かける？それとも家にいる？

perciò 「それゆえ」（順接）

È colpa tua. Perciò devi chiedergli scusa.
おまえが悪い。だからおまえが彼に謝らなくてはならない。

tuttavia 「しかしながら」（逆接）

Mario studia molto. Tuttavia non è molto bravo a scuola.
マリオはよく勉強する。しかしながら学校の成績は良くない。

siccome 「〜なので」（従属節－副詞節を導く）

Siccome qui non c'è l'aria condizionata, abbiamo caldo da morire.
ここは冷房がないので死ぬほど暑い。

＊接続詞には，後続する節に必ず接続法を用いるものもある。（→第26課　接続法）

練習問題

練習問題Ⓐ

1 かっこの中に適当な接続詞を入れましょう。

1. Mario è bravo (　　) non è molto simpatico.
2. Paola è simpatica (　　) gentile.
3. Stasera Giovanni deve studiare (　　) domani c'è un esame.
4. (　　) vuoi, stasera andiamo a mangiare una pizza.

2 1.〜3.の従属節に続く主節として，選択肢の中から適当なものを選んで続けましょう。選ぶのは1つだけで，3文とも意味の通る自然な文にすること。

1. Se domani fa bel tempo, ...
2. Mentre lavo i piatti, ...
3. Quando vai a Roma, ...

選択肢
① ascolto la radio.
② vai anche a Tivoli ?
③ andiamo a fare un picnic.

練習問題Ⓑ

1 次の文に続く文として，選択肢の中から適当なものを選んで続けましょう。解答はそれぞれ2つあります。

  1. Questo mese ho pochi soldi. Quindi...
  2. Questo mese ho pochi soldi. Però...

選択肢
① devo comprare un regalo di compleanno per mia madre.
② devo risparmiare.
③ non posso venire con te al ristorante francese.
④ non posso accettare altro lavoro. Perché devo studiare per gli esami.
 accettare：受け入れる，altro：他の

2 次に示すのは練習A−2で出てきた従属節です。それに続けて主節を自由につくりましょう。

  1. Se domani fa bel tempo, ...
  2. Mentre lavo i piatti, ...
  3. Quando vai a Roma, ...

練習問題Ⓒ

1 名詞節を用いた形で，以下の日本語に合わせて「誰々が（は）〜と言っている（わかっている）」という文をつくりましょう。

  1. 僕のイタリア人の友だち／言っている／フィレンツェはとても美しい
  2. 学生たち／言っている／中国語の授業はとても難しい
  3. 私／わかっている／もっと勉強しないといけない

ターゲット（時間の表現）

CD75

Che ore sono ?　——Sono **le** nove e venti.
何時ですか？　　　—— 9時20分です。

A che ora vai a letto ?　君は何時に寝るの？
——Vado a letto **alle** undici e mezzo.
——11時半に寝るよ。

〜時だ，〜時に

「今何時ですか？」の質問は，Che ore sono adesso ?
　時間を表す数字には定冠詞 le を伴う。「時間」ora の複数が ore という女性複数名詞であることによる。

　　Sono le nove e venti.（ターゲット文）

「〜時〜分」というとき，「時」の数字と「分」の数字の間には e を用いる。
　例 6時5分　sei e cinque
　　数字での表記は6,05。日本語での表記6：05のように「：」は用いない。

「〜時に」は〈**alle** +時間の数字〉となる。alle due　2時に
「何時に…？」という質問は，**a che ora** という疑問詞を用いる。

　　A che ora vai a letto ?（ターゲット文）

時間に関するいろいろな表現

「何時ですか？」の問いは次のように動詞に単数を用いる言い方もある。

Che ora è ?

この問いに答える場合であっても，動詞はふつう sono を用いる（下記の例外を除く）。

次の場合は単数なので，動詞は è である。
È l'una.　1時です。
È mezzanotte.　午前0時です。(mezzanotte は「真夜中」の意)

「正午」と「午前0時」は，数字 dodici のほかそれぞれ mezzogiorno と mezzanotte を使う。zero は使わない。「〜に」の場合は alle ではなく a mezzogiorno, a mezzanotte となる。

「半」は mezzo または mezza。数字 trenta（30）でもよい。
例 5時30分
cinque e trenta または cinque e mezzo / mezza

「〜時〜分前」というとき，「時」の数字と「分」の数字の間に meno を用いる。
例 9時10分前　nove meno dieci

さらに詳しく・・・

「15分」と「45分」

「15分」と「45分」は，数字のほかそれぞれ un quarto（4分の1），tre quarti（4分の3）とも言う。1時間の4分の1，4分の3という意味である。

例 9時15分
　　　 nove e quindici または nove e un quarto
　　　 11時45分
　　　 undici e quarantacinque または undici e tre quarti

verso「～時頃に」

「～時頃に」は a に代わって verso を用いる。

例 4時頃に　verso le quattro

練習問題

練習問題Ⓐ

1　「今何時ですか？」という質問に続けて以下の時間を答えましょう。

　　1. 10時半　　**2.** 1時半　　**3.** 3時38分　　**4.** 4時55分

2　次の質問に，指定の時間を使って動詞も含めて答えましょう。

　　1. Di solito a che ora esci di casa？（8時半に）
　　2. Di solito a che ora esce di casa tuo marito？（7時45分に）
　　3. Di solito a che ora escono di casa i tuoi figli？（7時15分に）

接続詞を使った文／時間の表現

練習問題 Ⓑ

1 次の質問に，指定の時間を使って動詞も含めて答えましょう。

1. A che ora comincia la lezione ?　（9時10分に）
2. A che ora finisce la lezione ?　（10時40分に）
3. A che ora apre questo ospedale ?　（8時45分に）
4. A che ora chiude la banca ?　（3時半に）
5. A che ora possiamo entrare nella sala ?　（6時15分に）

練習問題 Ⓒ

1 次の質問をつくり，適当だと思われる時間を動詞も含めて答えましょう。「〜時頃」というのも適宜使いましょう。

1. 日本ではスーパーは何時に開きますか？
2. 日本では図書館は何時に開きますか？
3. 日本ではデパートは何時に閉まりますか？
4. 日本の会社員たちは何時に昼食をとりますか？
5. 日本の子供たちは何時に寝ますか？

この課の新出単語

- ☐ magro　やせている
- ☐ cenare　夕食をとる
- ☐ tutto　すべての 形
- ☐ insieme　一緒に
- ☐ tutti insieme　皆で一緒に
- ☐ affitto　家賃
- ☐ esame 男　試験
- ☐ fa bel tempo　良い天気である
- ☐ lavare　洗う
- ☐ radio　ラジオ (-o だが 女)
- ☐ Tivoli　ティヴォリ（ローマ近郊の町）
- ☐ fare un picnic　ピクニックをする
- ☐ accettare　受け入れる
- ☐ altro　他の
- ☐ mezzogiorno　正午
- ☐ mezzanotte　真夜中の12時
- ☐ ospedale 男　病院
- ☐ banca　銀行
- ☐ entrare　入る
- ☐ sala　ホール

「さらに詳しく」＋練習Ⓒの単語

- ☐ rimanere　残る，とどまる（→第9課　不規則動詞・その2）
- ☐ colpa　罪
- ☐ colpa di 〜　〜のせい
- ☐ scusa　謝罪
- ☐ chiedere scusa　謝る
- ☐ aria condizionata　冷房
- ☐ morire　死ぬ（不規則）
- ☐ da morire　死ぬほど
- ☐ grande magazzino　デパート
- ☐ pranzare　昼食をとる

Lezione 15 再帰動詞

❖ この課のポイント ❖

- 「再帰動詞」は，既習の動詞とは異なる特徴を持つ特殊な動詞である。
- 基本的には，自分（主語）自身の身に対して行われる動作を表す動詞が該当する。「起きる（＝自分自身の身を起こす）」「（自分自身の）身体を洗う」など。
- 再帰動詞の原形はつねに si で終わる。"元の動詞"（＝動詞本体）の末尾に si が付いた形である。
- si は再帰代名詞といい，これも主語に合わせて変化する。動詞本体は，その動詞本来の動詞の活用をする。
- 再帰動詞には，「相互的な再帰動詞」と呼ばれるものがある。お互いに対して行う行為や動作を表す。「（お互いに）会う」など。
- 相互的な再帰動詞では，主語は複数形に限られる。

ターゲット

Mi alzo alle sette ogni giorno. 　　CD76

　私は毎日7時に起きます。

Mi lavo le mani.

　手を洗います。

＊mani は複数形。単数は mano で，-o が終わるが女性名詞。

Ci vediamo domani.

　明日会いましょう。

文法ノート

再帰動詞（一般的な再帰動詞）

alzare「起こす」と alzarsi「起きる」

　再帰動詞 alzarsi「起きる（＝自分自身が起きる）」は，alzare「～を起こす」とは別の動詞である。「起きる」は再帰動詞 alzarsi であり，alzare は「起きる」の意味にはならない。ただし，alzarsi は alzare を"元の動詞"（＝動詞本体）としてできている。

　　私は病人を起こす。　Alzo il malato.

　　私は起きる。　　　　Mi alzo. (alzarsi の「私」の活用形)

つくり方──動詞の活用

　原形から活用形へのプロセスは以下の通り。
si は再帰代名詞といい，これも主語に合わせて変化する。

　1）動詞本体と再帰代名詞を分ける。alzarsi ＝ alzare ＋ si
　2）si は，活用形では動詞本体の前に置かれる。　si　alzare
　3）alzare は -are の規則動詞なので以下のように活用。
　4）si も以下のように主語に合わせて mi, ti, si, ci, vi, si と変化する。

主語	alzarsi	
	(si　alzare)	
io	**mi**	alz**o**
tu	**ti**	alz**i**
lui / lei / Lei	**si**	alz**a**
noi	**ci**	alz**iamo**
voi	**vi**	alz**ate**
loro	**si**	alz**ano**

CD77

＊通常主語を省略するのは普通の動詞の場合と同様。

lavare「洗う」と lavarsi「(自分自身の体を) 洗う」

お皿を洗う。　　　　Lavo i piatti.
(自分の) 体を洗う。　Mi lavo. (lavarsi の「私」の活用形)

＊身体の一部を洗う場合には，以下のようになる。

私は顔を洗う。　　Mi lavo la faccia.
彼らは髪を洗う。　Si lavano i capelli.

相互的な用法の再帰動詞

再帰動詞には，「相互的用法」をもつものがある。「相互的」とは，主語がお互いに対してその行為や動作を"〜し合う"ことを表す。それゆえ，主語は複数のみ可能である。

彼らは駅で会う。

Si incontrano alla stazione.

次のような文との違いに注意すること。

> **注意**
> 主語は複数形のみあり得るので，この形で使う動詞は限られる。
> 結婚する　sposarsi
> 知り合う　conoscersi など。

彼らはキアーラと駅で会う。

Incontrano Chiara alla stazione.

incontrano の原形は他動詞 incontrare で目的語は Chiara。
一方，先の文の si incontrano の原形は再帰動詞の incontrarsi。対象の目的語はないが，この動詞によって，対象がお互いの相手同士であることを表すことができる。

さらに詳しく・・・

代名動詞

再帰動詞と同じ形の動詞で，代名動詞と呼ばれる動詞がある。活用のしかたや用法は再帰動詞とまったく同じなので，再帰動詞の一種と考えてもよい。感情や思いなど心因的意味を持つものが多い。

vergognarsi di ～（～を恥ずかしく思う）

accorgersi di ～（～に気づく）

divertirsi（楽しむ）

> Paolo si vergogna della sua giacca troppo piccola.
> パオロは自分の小さすぎるジャケットが恥ずかしい。

> Non si accorgono del loro errore.
> 彼らは自分たちの間違いに気づいていない。

> Mi diverto molto con lui.
> 彼といるととても楽しい。

再帰動詞と補助動詞をともに使う場合

次の2つの用法がある。

1) 再帰代名詞を切り離して，補助動詞の前に置く形
   Mi devo alzare presto domani.（明日早く起きないといけない。）

2) 再帰代名詞を切り離さず，原形の動詞（最後の -e が落ちる）の末尾に用いる形
   Devo alzar**mi** presto domani.（明日早く起きないといけない。）
   ＊再帰動詞の末尾の再帰代名詞は，主語に合わせて変化する。

再帰動詞の近過去（→第18課 近過去・その2）

> **参考**
> 最近のイタリア語文法書や辞書では，従来の再帰動詞 verbo riflessivo を含めてすべて代名動詞 verbo intransitivo pronominale とする傾向がある。その中で，従来の再帰動詞も含め用法を細分化しているが，ここでは割愛する。

練習問題

練習問題Ⓐ

1 以下の再帰動詞の元の動詞を確認した上で，活用形をつくりましょう。

1. svegliarsi（目覚める）
2. mettersi（身につける）
3. vestirsi（身なりをする，服を着る）
4. chiamarsi（名前である）

練習問題Ⓑ

1 di solito と domenica を対比させて，「ふだんは〜時に起きるが日曜は〜時に起きる。」という文をつくりましょう。ma でつないで1文にすること。主語と時間は指定の語を使いましょう。（**1** は主語省略）

1. 私：ふだんは7時。日曜は9時。
2. 私の弟：ふだんは8時。日曜は10時半。
3. その子どもたち：ふだんは7時半。日曜は6時。

2 以下の再帰動詞を使って疑問文をつくり，指定の語を使って答えましょう。答えも動詞を含めた文にすること。（**1**，**2** は主語省略）

1. alzarsi　君は何時に起きるの？　＜6時半に＞
2. mettersi per la festa　君たちはパーティーに何を着ますか？
   ＜ジャケットとネクタイ＞
3. chiamarsi　彼の息子さんたちは何と言う名前なの？
   ＜ルイージとステファノ＞

3 di solito と oggi を対比させて，「ふだんは〜を着るが今日は〜を着る」という文をつくりましょう。ma でつないで1文にすること。主語と目的語は指定の語を使いましょう。（**1** は主語省略）

1. 私：ふだんはジーンズ。今日はスカート。
2. 私の姉：ふだんはTシャツ。今日はブラウス。
3. 学生たち：ふだんは制服。今日はおしゃれな服。

4 ①既習の動詞をもとにして，相互的再帰動詞の原形を考えましょう。②それぞれについて，「私たち」「君たち」「彼ら」の活用形をつくりましょう。（主語は不要。）

    1. 愛し合う   **2.** 話し合う   **3.** 知り合う
    4. 電話で話をし合う（＝聞き合う→電話の場合に限り「聞く」を使う。「電話で」を明記する必要なし。）

5 以下の再帰動詞を使って疑問文をつくり，指定の語を使って答えましょう。答えも動詞を含めた文にすること。（**3** の質問のみ主語をつけること。）

    1. sposarsi   君たちはいつ結婚するのですか？   ＜来月＞
    2. vedersi   （私たちは）どこで会おうか？   ＜私の家で＞
    3. conoscersi da tanti anni   ジュリアとルイーザは長年の知り合いですか？   ＜20年以上＞

練習問題Ⓒ

1 「さらに詳しく」で出てきた代名動詞を活用させてみましょう。si をはずした形を確認するとわかりやすくなります。

    1. vergognarsi   **2.** accorgersi   **3.** divertirsi

2 次の代名動詞を使って次の文をつくりましょう。前置詞にも注意すること。

    1. マリーアは夫に対して怒っている。（arrabbiarsi con ～）
    2. ご両親は君のことを心配しているよ。（preoccuparsi per ～）
    3. 私の父のことを覚えておられますか？（ricordarsi di ～）

⚠ 動詞のまとめ・その1（pp.145–146）を読みましょう。

この課の新出単語

- mano 囡 手 複数は mani
- malato／malata 病人
- faccia 顔
- capelli 男複 髪
- presto 早く
- jeans 男複 ジーンズ
- gonna スカート
- camicetta ブラウス
- divisa 制服
- elegante おしゃれな，エレガントな

動詞のまとめ（本文記載のもの）

- alzarsi 起きる
- lavarsi 洗う
- incontrarsi 出会う
- sposarsi 結婚する
- conoscersi 知り合う・互いに知っている
- svegliarsi 目覚める
- mettersi 身につける
- vestirsi 身なりをする，服を着る
- chiamarsi 名前である
- vedersi 会う

「さらに詳しく」＋練習Ⓒの単語

- troppo あまりにも 副
- errore 男 過ち，間違い
- vergognarsi 恥ずかしく思う
- accorgersi 気がつく
- divertirsi 楽しむ
- arrabbiarsi 怒る
- preoccuparsi 心配する
- ricordarsi 覚えている・思い出す

再帰動詞

動詞のまとめ・その１

❖ 全体像を見てみよう ❖

動詞を理解することは，イタリア語の学習において非常に重要です。復習として，"動詞"を全体的に眺めてみましょう。また，今後たびたび目にすることになる「法」というものについても学びましょう。

動詞に関する原則

- 辞書に出ている見出し語の形が，動詞の"もともとの形"である。これを「原形」という。
- 動詞は主語に合わせて形が変わる。それを「動詞の活用」という。
語末の部分を「語尾」といい，多くの動詞では語尾が主語に合わせて変わる。その変化した動詞の形を「活用形」と呼ぶ。
- 動詞が補助動詞や前置詞と共に使われる場合には，原形が用いられる。

「形」から見て

一般の動詞には，規則動詞と不規則動詞がある。
規則動詞は，活用の際に語尾が規則的に変化する。
-are 動詞，-ere 動詞，-ire 動詞の３種があり，それぞれの原形の語尾が -are，-ere，-ire である。-ire 動詞には２種類ある。

規則動詞の活用

	parlare	prendere	dormire	capire
io	parlo	prendo	dormo	capisco
tu	parli	prendi	dormi	capisci
lui	parla	prende	dorme	capisce
lei, Lei	parla	prende	dorme	capisce
noi	parliamo	prendiamo	dormiamo	capiamo
voi	parlate	prendete	dormite	capite
loro	parlano	prendono	dormono	capiscono

不規則動詞は，活用の際に全体の形が変わる。原形と全く異なる形になる場合もある。

不規則動詞の活用（**例** essere　io から順に）
sono / sei / è / siamo / siete / sono
　その他の不規則動詞については第8課「不規則動詞・その1」第9課「不規則動詞・その2」を参照。

「機能」から見て

　動詞には，一般の動詞の他に補助動詞と再帰動詞がある。
　補助動詞は，後ろに動詞の原形を伴って意味をなす働きをする。
volere（「〜したい」）potere（「〜できる」など）dovere（「〜しなければならない」など）がある。
　補助動詞の活用はいずれも不規則である。

補助動詞の活用（io から順に）
volere　voglio / vuoi / vuole / vogliamo / volete / vogliono
potere　posso / puoi / può / possiamo / potete / possono
dovere　devo / devi / deve / dobbiamo / dovete / devono

　Voglio andare in Italia.　イタリアに行きたい。
　Oggi non posso uscire.　今日は出かけることができない。
　Devo stare a casa.　家にいないといけない。

　再帰動詞とは，基本的には自分（主語）自身の身に対する動作を表す。「起きる」alzarsi「身につける」mettersi など。
　「（お互いに）会う」vedersi など，複数の主語がお互いに対して行う行為や動作を表す"相互的再帰動詞"の用法もある。

動詞のまとめ・その1

再帰動詞の活用（io から順に）

alzarsi　　mi alzo / ti alzi / si alza / ci alziamo / vi alzate / si alzano

mettersi　mi metto / ti metti / si mette / ci mettiamo / vi mettete / si mettono

Ogni giorno mi alzo alle sette.
私は毎日7時に起きます。

Ti metti la giacca ?
君はジャケットを着る？

Ci vediamo domani.
明日会いましょう。

「法」について

「法」とは，その文を話したり書いたりする人が，その内容をどのようにとらえて表現しているかを示すものである。

1) 直説法：内容に含まれる行為，状態，経験などを現実のものとしてとらえている。
2) 命令法：命令，依頼，勧誘を表現する。
3) 接続法：内容に含まれる行為，状態，経験などを不確実なものとしてとらえている。
4) 条件法：何らかの条件のもとでの可能性を述べる。

Lezione 16 命令法

❖ この課のポイント ❖

- 命令法は，相手に命令する場合だけでなく依頼したり勧めたりするときにも使う。
- 命令法の主語は対話の相手である。したがって，動詞の活用形で「私」が主語になる場合は存在しない。「君」と「君たち」，敬称の「あなた」と「あなたたち」が主語となる。
- 「私たち」が主語の活用形は，「〜しましょう」の意味になる。
- 命令法の活用形（変化形）は現在形（直説法現在）を基本としてつくる。語尾に注意すること。
- 命令法の文では主語はつけない。
- 否定の命令形（「〜するな。」「〜しないで下さい。」などの文）は，主語によって規則が変わるので注意を要する。
- 「さらに詳しく」では，補語人称代名詞とともに使う場合や，再帰動詞の命令形を学ぶ。

ターゲット

CD78

Studia di più.
　　もっと勉強しなさい。

Firmi qui per favore.
　　ここにサインしてください。

Non mangiare troppo.
　　食べ過ぎてはだめだよ。

Non prenda troppo caffè.
　　コーヒーを飲みすぎてはいけません。

文法ノート

命令法における各主語の変化形

主語によって，現在形（直説法現在）と同形のものと，その語尾が変化するものとがある。

「私たち」と**「君たち（あなたたち）」**は現在形と同形。なお，「私たち」が主語の場合は，「～しましょう」という勧誘の意味となる。

Domenica andiamo al mare. 日曜海に行きましょう。
Tornate presto. 君たち早く帰ってくるんだよ。

「君」と敬称の**「あなた」**は，規則動詞のそれぞれについて以下のように語尾が変化する。

	-are	-ere	-ire
tu	-a	-i	-i
Lei	-i	-a	-a

上の表に当てはめてつくった parlare, leggere, dormire の変化形は以下の通りである。

CD79

	parlare	leggere	dormire
tu	parl**a**	legg**i**	dorm**i**
Lei	parl**i**	legg**a**	dorm**a**

＊敬称の「あなた方」の命令形はほとんど使われず，2人称複数「君たち」の形で代用される。（→「さらに詳しく」）

-isc 型の -ire 動詞および不規則動詞の変化形

つくり方は以下のとおり。

例 finire　venire

tu：現在形と同形。　finisci　vieni
Lei：現在形の主語が io の活用形をつくり，その語尾を，-o から - a にする。
　（ finisc**o** →) finisc**a**　（ veng**o** →) veng**a**

＊ tu の命令形が２つある動詞もある。
　andare → va' / vai　　fare → fa' / fai
　stare　→ sta' / stai　　dare → da' / dai

＊ Lei の命令形が例外的なのは以下の動詞。
　dare → dia　　stare → stia

essere と avere の命令形は特殊である。変化は順に以下の通り。まったくの不規則の部分もあるので注意すること。

avere ：－ / abbi / abbia / abbiamo / abbiate / －
essere：－ / sii / sia / siamo / siate / －

命令法の否定形

CD80

tu：non ＋動詞の原形

Non fumare qui. ここでたばこを吸うな。

Lei：non ＋命令法の Lei の変化形

Non fumi qui. ここでたばこを吸わないでください。

noi：non ＋命令法の noi の変化形（即ち現在形と同形）

　　Non fumiamo qui. ここでたばこを吸わないでおこう。

voi：non ＋命令法の voi の変化形（即ち現在形と同形）

　　Non fumate qui. ここでたばこを吸うな。/ 吸わないでください。

！ さらに詳しく・・・

Loro の命令形

　敬称の「あなた方」の命令形も存在するが，現在ではほとんど使われず，voi の命令形で代用する。voi の形を用いても，相手への敬意の点では問題ない。以下参考までに Loro の語尾変化を Lei と比較して示す。不規則動詞の命令形においても，Loro の語尾変化は，Lei の命令形に "-no" を加えた形である。

	-are	-ere	-ire
Lei	-i	-a	-a
Loro	-ino	-ano	-ano

直接・間接補語人称代名詞を伴う命令形

　1人称複数，2人称の単数と複数，敬称の3人称単数，複数（ほとんど使わない）の命令形を補語人称代名詞（補語）とともに使う場合，以下のようになる。

例 動詞 prendere　補語 lo　　　　　　　　　　　　CD81

	単数	複数
1人称		Prendiamolo.
2人称	Prendilo.	Prendetelo.
3人称	Lo prenda.	(Lo prendano.)

＊補語が後置されても，発音においては，動詞のアクセントの位置が保たれる。

例 Préndilo.

> **注意**
> 直接・間接補語を伴う時，動詞については既習の命令形（一部は現在形と同形）の規則どおり。補語人称代名詞の位置，および動詞と離すかくっつけるかに注意。3人称のみ補語が前に来て，動詞と離す。

補語人称代名詞を伴うその他の命令形　　　　　　　CD82

tu が主語の命令形と補語人称代名詞が結合すると，多少形が変わるものがある。

例 Di'（原形 dire）＋ mi　　→ Dimmi.
　　　　　　　　　＋ me lo → Dimmelo.

　　Da'（原形 dare）＋ mi　　→ Dammi.
　　　　　　　　　＋ me lo → Dammelo.

再帰動詞および代名動詞の命令形

直接・間接補語を伴う命令形と同じ形で，補語の部分に再帰代名詞が来る。si をはずした動詞本体の命令法の活用形を用い，主語に合わせた再帰代名詞が後ろあるいは前に置かれる。再帰代名詞が動詞本体と離れ前置されるのは3人称のみ。

例 alzarsi　　　　　　　　　　　　　　　　　　CD83

	単数	複数
1人称		Alziamoci.
2人称	Alzati.	Alzatevi.
3人称	Si alzi.	(Si alzino.)

＊再帰代名詞が後置されても，発音においては，動詞のアクセントの位置が保たれる。 例 Álzati.

練習問題

練習問題Ⓐ

1 ① tu, ② Lei, ③ noi, ④ voi を主語として，次の動詞の命令形をつくりましょう。4，5，6 は，「文法ノート」の「不規則動詞の変化形」を参照のこと。（すべて大文字で始めて命令文の形にしましょう。）

1. ascoltare 2. scrivere 3. sentire 4. uscire
5. andare 6. fare

練習問題Ⓑ

1 （ ）の相手に対し，次の動詞の命令形を用いて文をつくりましょう。

1. prendere questa medicina (Lei)
2. aprire il libro di testo (voi)
3. domani / venire alle tre (Lei)
4. stasera / stare a casa e studiare (tu)
5. questo pomeriggio / giocare a calcio (noi)

2 （ ）の相手に対し，動詞の命令形を使って次の文を作りましょう。

1. 電話に出て。rispondere al telefono (tu)
2. 我慢して。avere pazienza (tu)
3. 安心していてください。stare tranquillo (Lei で男性の時，女性の時)
＊女性に向かって言うときには形容詞は女性形になる。
4. このワインを試飲しよう。assaggiare questo vino (noi)

3 ① tu, ② Lei, ③ noi, ④ voi を主語として，次の動詞の命令法の否定形を用いて文をつくりましょう。

1. ここにごみを捨てる　　buttare l'immondizia qui
2. 仕事を途中で投げ出す　lasciare il lavoro a metà
3. 騒ぐ　　　　　　　　fare chiasso

練習問題Ⓒ

1 以下の名詞を使って，「この〜はとてもおいしい。」という文をまずつくり，それに続けて① tu, ② Lei, ③ noi, ④ voi を主語とした命令形を用い，「それを食べてごらん。」などと勧めたり誘ったりする文をつくりましょう。「それを」には適切な直接補語代名詞を使うこと。

1. gelato　　2. torta　　3. funghi　　4. tagliatelle

2 ① tu, ② Lei, ③ noi, ④ voi を主語とした命令形を用い，勧めたり誘ったりする文をつくりましょう。

1. 楽しむ　divertirsi
2. 話を始める　mettersi a parlare
3. 落ち着く，冷静になる　calmarsi

この課の新出単語

- ☐ firmare　サインする
- ☐ rispondere　答える
- ☐ pazienza　忍耐
- ☐ tranquillo　静かな 形
- ☐ buttare　捨てる
- ☐ lasciare　残す・置いておく
- ☐ fare chiasso　騒ぐ
- ☐ troppo　過度に 副，あまりに多くの 形
- ☐ avere pazienza　我慢する
- ☐ stare tranquillo　安心する
- ☐ assaggiare　味を見る
- ☐ immondizia　ごみ
- ☐ a metà　途中で
- ☐ chiasso　騒ぎ

「さらに詳しく」＋練習Ⓒの単語

- ☐ torta　ケーキ
- ☐ mettersi a 〜　〜し始める
- ☐ tagliatelle　女 複 タリアテッレ（パスタの一種）
- ☐ calmarsi　落ち着く

Lezione 17

近過去・その1
——avere を使うもの

❖ **この課のポイント** ❖

- 日常よく使う過去時制は「近過去」と「半過去」である。
- そのうちこの課で学ぶ「近過去」は，「食べた」「買った」など「〜した」という意味を表す。つまり動作や行為，できごとが終わったことを表す過去形である。
- 動詞の近過去には，2種類のつくり方と用法がある。avere を使うものと essere を使うものであり，この avere および essere を「助動詞」という。2種類の使い分けは，その動詞がどんな動詞かによって決まる。
- 近過去は，動作や行為の完了，あるいは経験など，英語では現在完了形で表すような内容にも用いられる。(→「さらに詳しく」)

ターゲット

CD84

Ieri **ho mangiato** una pizza.
　私は昨日ピッツァを食べた。

Che cosa **hai comprato**?
—— **Ho comprato** una borsa.
　「何を買ったの？」　——「かばんを買ったよ。」

Oggi che cosa **avete fatto**?
—— **Abbiamo studiato** a casa.
　「君たち今日は何をしたの？」　——「家で勉強したよ。」

文法ノート

助動詞と過去分詞

動詞の近過去形は、助動詞と過去分詞で構成される。助動詞には avere と essere の2種類があり、その動詞によって使い分ける。この課では、助動詞に avere を用いる動詞の近過去を学ぶ。

近過去のつくり方（助動詞に avere をとるもの）

> avere（主語に合わせる）＋動詞の過去分詞

過去分詞のつくり方（規則形）

動詞の語尾が以下のように変化する。（不規則変化もある。特に -ere 動詞に多い。不規則変化の過去分詞については後述。）

> -are → -ato　　-ere → -uto　　-ire → -ito

例　mangiare の近過去のつくり方（主語が「私」の場合）
　　avere → ho　mangiare → mangiato
　　⇒　　Ho mangiato.

ieri（昨日）など

時を表す語で過去時制の文中でよく使うものについては、課の最後のまとめを参照すること。

否定文

助動詞 avere の活用形の前に non を入れる。

Stamattina **non** ho mangiato la frutta.
　今朝は果物を食べなかった。

疑問詞を使った疑問文

疑問詞＋ふつうの近過去の疑問文

Quando **hai comprato** quel cappello？

いつその帽子を買ったの？

* quel は「その」という意味の語で，男性単数名詞の前に置かれる。女性形は quella。(→第5課　指示語「さらに詳しく」)

「～ fa（～前）」という表現

「2週間前」，「3か月前」，「5年前」など「～前」というのは fa を用いる。順に，次のようになる。

due settimane **fa**　/　tre mesi **fa**　/　cinque anni **fa**

不規則変化の過去分詞

CD85

過去分詞には，上記の「過去分詞のつくり方」の規則に当てはまらない不規則な変化をする過去分詞がある。-ere 動詞に多い。よく使う動詞の例は以下の通り。

prendere	→ **preso**	vedere	→ **visto**
scrivere	→ **scritto**		
leggere	→ **letto**	rispondere	→ **risposto**
chiudere	→ **chiuso**	aprire	→ **aperto**
dire	→ **detto**	fare	→ **fatto**

近過去・その1——avere を使うもの

> ## さらに詳しく・・・

直接補語人称代名詞を近過去の文中で使う場合
　直接補語人称代名詞 lo, la, li, le を用いる場合，助動詞の直前に置かれる。
　過去分詞の語尾が，代名詞の性・数に一致して，順に -o（男・単）-a（女・単）-i（男・複）-e（女・複）というふうに変わる。
　以下のように，直接補語人称代名詞の lo と la は，l' になる。(後続する avere の活用形が，発音上すべて母音で始まるため。) 複数の li と le はそのまま。

　以下の例文で，lo, la, li, le に合わせた過去分詞の語尾変化を確認しましょう。

　　Hai comprato il cappotto ?　　コートを買った？
　　── Sì, finalmente l'ho comprato !　(← lo ho)
　　── ああ，やっと買ったよ！

　　Avete mangiato la torta ?　　君たちがケーキを食べたの？
　　── No, non l'abbiamo mangiata.　(← la abbiamo)
　　── いや，食べてないよ。

　　Hai fatto i compiti ?　── Sì, li ho fatti stamattina.
　　　宿題はしたの？　　　　今朝やったよ。

　　Belle scarpe! dove le hai comprate ?
　　　いい靴だね！　どこで買ったの？
　　── Le ho comprate a Milano.
　　── ミラノで買ったんだ。

　　＊直接補語人称代名詞が mi, ti, ci, vi の時は，上記のような過去分詞の一致は必ずしも厳密にはなされない。
　　Ieri ti ho visto（または visto）in centro.
　　　昨日町で君（女性）を見かけたよ。

完了や経験を表す近過去
《完了》
　近過去は，動作や行為が完了した（しない）ことを表すのにも用いられ，その場合，ancora（まだ～ない），già（もう既に）という語がともによく使われる。

以下の例では，補語代名詞を使った文や，省略形も示す。

Hai finito i compiti ?　　宿題は済んだの？
── No, non ho ancora finito i compiti.　　まだだよ。
　　No, non li ho ancora finiti.
　　No, non ancora.

Hai preso il caffè ?　　コーヒーは飲んだ？
── Sì, ho già preso il caffè.　　もう飲んだよ。
　　Sì, l'ho già preso.

以下のような文では，ancora の位置が2通りある。

Loro non hanno risposto ancora.
　　彼らはまだ返事をしていません。
Loro non hanno ancora risposto.

《経験》

近過去は，「～したことがある（ない）」という経験を表すのにも用いられる。疑問文と否定文には，mai という語を用いる。

Hai mai mangiato il caviale ?　　キャビアを食べたことがある？
── No, non ho mai mangiato il caviale.　　いや，1度もないよ。
　　No, non l'ho mai mangiato.
　　No, mai.

Hai mai mangiato la mozzarella ?
　　モッツァレッラチーズを食べたことがある？
── Sì, ho mangiato la mozzarella una volta.　　うん，1度。
　　Sì, l'ho mangiata una volta.
　　Sì, una volta.

volta は「～回」の意味。複数なら volte で，alcune volte（何回か）tante volte（何回も）などとなる。

> **注意**
> mai は疑問文と否定文に用い，肯定文には使わない。

近過去・その1──avere を使うもの

練習問題

練習問題Ⓐ

※練習A-3, B-2は「不規則変化の過去分詞」を学んでからやること。

1 まず次の動詞の原形を過去分詞にしましょう。それから「私」が主語の近過去の文をつくりましょう。(ieri, ieri sera は文頭に。)

1. lavorare molto / ieri   2. ascoltare la musica / ieri sera
3. guardare la TV fino a tardi   4. giocare a calcio con gli amici
5. ricevere una lettera da un'amica   6. dormire bene

2 練習A-1の各句を用い、指定の語を主語として、近過去の文をつくりましょう。

1. lavorare molto / ieri （私たち−主語省略）
2. ascoltare la musica / ieri sera （私の兄）
3. guardare la TV fino a tardi （私の両親）
4. giocare a calcio con gli amici （私の息子たち）
5. ricevere una lettera da un'amica （Giovanni−男性の名前）
6. dormire bene （お客さんたち−gli ospiti）

3 次の句を用い、指定の語を主語にした近過去の文をつくりましょう。(時を表す語は文頭に。)

1. prendere un tassì / oggi （私たち−主語省略）
2. vedere un film italiano / la settimana scorsa （私の友人たち）
3. scrivere il diario / l'anno scorso （Franco）
4. leggere una rivista inglese / tre giorni fa （学生たち）

練習問題Ⓑ

1 練習A-1の各句を用いて,
①「私」を主語とした近過去の否定文をつくりましょう。
②指定の語を主語とした近過去の否定文をつくりましょう。練習A-2と同じ主語です。

1. lavorare molto / ieri（私たち-主語省略）
2. ascoltare la musica / ieri sera（私の兄）
3. guardare la TV fino a tardi（私の両親）
4. giocare a calcio con gli amici（私の息子たち）
5. ricevere una lettera da un'amica（Giovanni）
6. dormire bene （お客さんたち）

2 疑問詞で始まる次の疑問文をつくり, 指定の語を用いた答えの文もつくりましょう。答えの文にも動詞を用いること。

1. 君は昨日繁華街で何を買ったの？
   una giacca e un paio di scarpe
2. 君たちは昨夜イタリアレストランで何を食べたの？
   la pasta e un fritto misto di pesce
3. 君は昨日家で何をしたの？
   studiare tutto il giorno

練習問題Ⓒ

1 次の質問をつくり, 指示どおりに答えの文もつくりましょう。答えには適切な直接補語代名詞を使うこと。

1. 今朝朝食をとった？　　　　答：「いや, とらなかった。」
2. どこでマリオに会った？　　答：「駅で会った。」
3. いつその映画を見たの？　　答：「2か月前に見た。」

近過去・その1――avere を使うもの

2 次の物をもうすでに食べたかどうか尋ねる文をつくり，「もう食べた」という答えもつくりましょう。答えには適切な直接補語代名詞を使うこと。

1. il minestrone
2. le lasagne
3. l'insalata nel frigo
4. i cioccolatini nella scatola

3 次の動詞を使って，「〜したことがあるか」を尋ねる文をつくりましょう。

1. fare dei biscotti in casa
2. parlare con gli italiani
3. vedere una partita di calcio allo stadio
4. scalare una montagna

4 練習Ｃ−3の対応する番号の動詞句を使って，指定の主語と回数の語を用い「〜したことがある（ない）」という文をつくりましょう。mai の使い方に注意すること。

1. fare dei biscotti in casa（私の姉 / 何度も）
2. parlare con gli italiani（私の日本人の友人たち / 1度もない）
3. vedere una partita di calcio allo stadio

  （私たち−主語省略 / 1度だけ）
4. scalare una montagna（その若者 / 1度もない）

⓵ 動詞のまとめ・その2（pp.188−190）を読みましょう。

近過去の文でよく使う語のまとめ

- ☐ ieri　昨日　　☐ ieri sera　昨夜　　☐ stamattina　今朝
- ☐ la settimana scorsa　先週　　☐ il mese scorso　先月
- ☐ l'anno scorso　去年　　☐ il sabato scorso　先週の土曜

この課の新出単語

- ☐ scorso　前の
- ☐ tardi　遅く 副
- ☐ tassì 男（または taxi 男）　タクシー
- ☐ fritto　フライ
- ☐ tutto il giorno　1日中
- ☐ fino a ～　～まで
- ☐ fino a tardi　遅くまで
- ☐ misto　ミックスの

「さらに詳しく」＋練習Ⓒの単語

- ☐ finalmente　やっと・ついに
- ☐ ancora　まだ～ない
- ☐ mozzarella　モッツァレッラ・チーズ
- ☐ alcuno　いくつかの 形
- ☐ insalata　サラダ
- ☐ biscotto　クッキー
- ☐ scalare　登る
- ☐ giovane　若者 名，若い 形
- ☐ già　もう，既に
- ☐ caviale 男　キャビア
- ☐ volta　回
- ☐ minestrone 男　ミネストローネ
- ☐ cioccolatino　チョコレート
- ☐ stadio　スタジアム
- ☐ montagna　山

近過去・その1――avere を使うもの

Lezione 18 近過去・その2 ——essere を使うもの

❖ この課のポイント ❖

- 近過去には，助動詞に avere を使うもの（その1で既習）のほか，ここで学ぶ essere を使うものがある。
- 助動詞に essere をとるのは，「行く」「来る」「いる」などの動詞およびそのようなイメージを持つ動詞である。
- 助動詞に essere を使う動詞の近過去では，助動詞に avere を使う時にはなかった特別な規則がある。
- その規則とは，過去分詞が主語の性・数（男女・単複）に合わせて変わることである。
- 「さらに詳しく」で再帰動詞の近過去について学ぶ。再帰動詞の近過去は，助動詞に essere をとる。

ターゲット

CD86

Ieri **sono andato** a scuola.
　私（男性）は昨日学校に行った。

Ieri sono and**ata** a scuola.
　私（女性）は昨日学校に行った。

Ieri sera mia figlia non **è uscita**.
　娘は昨夜出かけなかった。

Oggi i miei amici **sono venuti** a casa.
　今日友人たちが家に来た。

文法ノート

近過去のつくり方（助動詞に essere をとるもの）

essere（主語に合わせる）＋過去分詞

過去分詞のつくり方の規則は avere の時と同じ。不規則変化もある。

例 andare の近過去のつくり方（主語「私／男性」の場合）
essere → sono　andare → andato

Sono andato.

主語の性・数と過去分詞の語尾変化

過去分詞は主語の性・数（男女・単複）に合わせて語尾が変わる。

その変わり方は，-o で終わる形容詞の語尾変化と同じ。すなわち男性単数 -o を基準とし，女性単数は -a，男性複数は -i，女性複数は -e。

以下は，1人称単数と複数が主語の場合の例である。他の人称が主語の場合も同様に語尾変化する。

主語「私」が男性（男・単）	Sono andat**o**.
主語「私」が女性（女・単）	Sono andat**a**.
主語「私たち」が男性を含む（男・複）	Siamo andat**i**.
主語「私たち」が全員女性（女・複）	Siamo andat**e**.

助動詞に essere をとる動詞

「行く」「来る」「いる」という動詞と，そのようなイメージを持つ動詞である。不規則変化の過去分詞もあるので注意すること。

近過去・その2——essere を使うもの

andare「行く」とそのイメージのグループ
partire（出発する）uscire（出かける）morire（死ぬ→あの世に行く）
＊不規則変化の過去分詞　morire　→　morto

venire「来る」とそのイメージのグループ
arrivare（到着する）tornare（帰る）entrare（入る）
nascere（生まれる→この世に来る）
＊不規則変化の過去分詞　venire → venuto　nascere → nato

stare「いる」とそのイメージのグループ
essere（…である）rimanere（残る，いる）
＊不規則変化の過去分詞　essere → stato　（stareの過去分詞と同じ）
　　　　　　　　　　　rimanere → rimasto

> **注意**
> 他動詞（原則として「〜を」という直接目的語をとる動詞）の中で，助動詞にessereをとる動詞はない。必ずavereをとる。

さらに詳しく・・・

同じ動詞におけるavereとessereの使い分け

　同じ動詞でも，他動詞（直接目的語をとる動詞）と自動詞（直接目的語をとらない動詞）両方の機能を持つものがある。その場合，近過去で助動詞にavere，essere両方をとることになるので，使い分けに注意する。他動詞ならavere，自動詞ならessere。

　例 cominciare「始める（他動詞）／ 始まる（自動詞）」
　　　finire「終える（他動詞）／ 終わる（自動詞）」

　Il professore ha cominciato la lezione / finito la lezione.
　　先生は授業を始めた。／ 終えた。

La lezione è cominciata / finita.
  授業が始まった。/ 終わった。

助動詞が essere なので，主語 lezione（女・単）に合わせて過去分詞の語尾は -a となる。

再帰動詞の近過去
　助動詞は essere をとる。
　essere をとるので，過去分詞の語尾は主語の性と数に一致する。
　再帰代名詞は現在形の場合と変わらない。位置は，essere の活用形の前。

Stamattina mi sono alzato alle sette.
  今朝僕は7時に起きた。

Stamattina a che ora ti sei alzata ?
  今朝君は何時に起きたの？（女性に対して聞く＝主語「君」が女性）

否定文では，non は再帰代名詞の前に置かれる。

Non mi sono lavata i capelli.
  髪を洗わなかった。

過去分詞 stato について
「どこに行っていたのか」という質問では，過去分詞として andato ではなく stato を用いる。

Marco, dove sei stato ?
  マルコ，どこに行っていたの？
―― Sono andato a comprare le sigarette.
―― たばこを買いに行っていたんだ。

「行ったことがあるか」という質問と答えも，andato ではなく stato を用いる。

Laura, sei mai stata in Sicilia ?
  ラウラ，シチリアには行ったことがある？
―― No, non sono mai stata in Sicilia.
―― 行ったことがないわ。

近過去・その2――essere を使うもの

完了や経験を表す近過去

助動詞に avere をとる動詞と同じ用法。essere の活用形と過去分詞の間に ancora, già, mai などが入る。

Sei già arrivato alla stazione ?
—— No, non sono ancora arrivato.
　もう駅についた？　—— まだだよ。

Non sono mai entrata in quel palazzo.
　私はあの建物に入ったことはない。

補助動詞を用いた文の近過去

補助動詞 volere, potere, dovere を用いた文の近過去は以下のようになる。まず過去分詞は規則どおり。

volere → voluto　　potere → potuto　　dovere → dovuto

補助動詞の部分に助動詞を用い, 近過去にする。後続の動詞は原形。

助動詞 avere と essere の使い分けには以下の2通りがある。
—— つねに avere を用いる。

Maria ha voluto mangiare il pesce.
　マリーアは魚を食べたがった。

Maria ha dovuto partire presto.
　マリーアは早く出発しなければならなかった。

—— 補助動詞とともに使う動詞（ここでは mangiare, partire）における使い分けに従う。

Maria ha voluto mangiare il pesce.
　　　　　　　　　　　　　（mangiare は avere をとる）

Maria è dovuta partire presto. （partire は essere をとる）
　＊助動詞が essere なので, 補助動詞の過去分詞の語尾は主語の性・数に一致。

練習問題

練習問題Ⓐ

1 次の語を主語として，andare in centro の動詞を近過去にし，文をつくりましょう。文頭に ieri をつけます。(**1. 2.** は主語省略)

1. 君（男性・疑問文）
2. 君（女性・疑問文）
3. 彼
4. 君の妹

2 次の語を主語として，arrivare all'aeroporto の動詞を近過去にし，文をつくりましょう。文頭に stamattina をつけます。(**1. 2.** は主語省略)

1. 私たち（男性）
2. 君たち（全員女性・疑問文）
3. 彼女たち
4. 私の両親
5. 観光客たち（男女）

練習問題Ⓑ

1 指定の語を主語にして次の動詞を近過去にした文をつくりましょう。(ieri sera と la domenica scorsa は文頭に。)

1. tornare tardi / ieri sera　（私の夫）
2. partire per l'Italia / la domenica scorsa　（私のイタリア人の友人たち）
3. arrivare alla stazione alle 3,20　（私の母）
4. nascere nel 1993　（彼の娘）
5. morire due anni fa　（僕の犬）

2 指定の語を主語にして次の動詞を近過去にした<u>否定の文</u>をつくりましょう。(ieri と stamattina は文頭に。)

1. andare al lavoro / ieri　（彼女たち）
2. arrivare in tempo　（電車）
3. venire alla mia lezione / stamattina　（学生たち）
4. andare bene　（その仕事。andare bene：うまくいく）

近過去・その2——essere を使うもの

練習問題Ⓒ

1 次の質問をつくり，指定の答えで答える文もつくりましょう。

1. 君（男性）はもう服を着た？（vestirsi） —— うん，もう着たよ。
2. 君（女性）はパーティーで楽しんだ？（divertirsi）
   —— ええ，とても楽しんだわ。
3. パオラはイヤリングをつけた？
   （mettersi, mettere の過去分詞は messo）
   —— いや，つけなかった。
4. 君たち（男女）はどこで知り合ったの？
   （conoscersi, conoscere の過去分詞は conosciuto）
   —— 大学で知り合ったんです。
5. 彼らはいつ結婚したの（sposarsi）？ —— 去年結婚したんだよ。

2 次の文の domani を ieri に代えて，文をつくりかえましょう。2通りできる場合は両方つくること。

1. Domani devo lavorare fino a tardi.
2. Domani mia madre deve uscire presto.
3. Domani gli impiegati devono venire alle sette di mattina.

3 次の動詞を使って，親しい相手に「〜したことがあるか」と尋ねる文をつくりましょう。経験について尋ねる文には mai を用います。相手が①男性，②女性の2通りをつくること。

1. andare in Italia
2. arrivare in ritardo in ufficio
3. tornare a casa dopo mezzanotte
4. uscire con quella ragazza （uscire con 〜：〜とデートする）
   （聞く相手の性別によって ragazza / ragazzo を使い分ける）

4 練習C-3の動詞句を使って,「私は1度も～したことがない。」という文をつくりましょう。「私」は自分自身の性別にすること。

5 練習C-3の動詞句を使って,指定の主語と回数の語を用いて「～したことがある（ない）」という文をつくりましょう。

1. andare in Italia　この学生たち（全員男性）／　1度もない
2. arrivare in ritardo in ufficio　あの会社員（男性）／　何度もある
3. tornare a casa dopo mezzanotte　彼女の娘　／　何度かある
4. uscire con quella ragazza　私の弟　／　1度ある

(!) 動詞のまとめ・その2（pp.188-190）を読みましょう。

この課の新出単語

- ☐ morire　死ぬ（現在形不規則）
- ☐ rimanere　残る,とどまる（現在形不規則）
- ☐ in tempo　時間どおりに,間に合って
- ☐ in ritardo　遅れて
- ☐ nascere　生まれる
- ☐ aeroporto　空港
- ☐ ritardo　遅れ

「さらに詳しく」＋練習Cの単語

- ☐ uscire con ～　～とデートする
- ☐ qualche　いくつかの　（*後ろに必ず単数名詞が付く）
- ☐ qualche volta　何度か

近過去・その2——essere を使うもの

Lezione 19 半過去，大過去

❖ この課のポイント ❖

- 近過去とならんで日常よく使うもう1つの過去形は，「半過去」である。「半過去」は，「〜していた」という意味を表す。
- つまり，過去のある時点でその動作を行っていたり，そういう状況であったりしたことを述べるのに用いる。
- その動作や状況は，ある程度の時間継続するものである。
- 「半過去」は，もう1つの用法として，「よく〜していた」という過去における習慣の意味を表す。
- 「さらに詳しく」で学ぶ「大過去」は，「過去よりも前の過去」といえる。

ターゲット

CD87

Ieri sera alle nove ero già a casa.
　　昨夜9時，私はもう家にいた。

Mentre camminava, fumava.
　　彼は歩きながらたばこを吸っていた。

Quando ero piccolo, andavo spesso al mare.
　　私は子供の頃，よく海に行っていた。

Mentre andavo a scuola, ho incontrato Luigi.
　　学校に行く途中でルイージに会った。

文法ノート

半過去の活用（規則変化）

半過去は，規則変化の場合語尾が以下のように変化する。

-vo / -vi / -va / -vamo / -vate / -vano は3種の動詞に共通で，その前に，-are 動詞は a，-ere 動詞は e，-ire 動詞は i が来る。

	-are	-ere	-ire
io	-avo	-evo	-ivo
tu	-avi	-evi	-ivi
lui	-ava	-eva	-iva
lei, Lei	-ava	-eva	-iva
noi	-avamo	-evamo	-ivamo
voi	-avate	-evate	-ivate
loro	-avano	-evano	-ivano

注意

アクセントの位置は，noi，voi の時，順にアヴァーモ，アヴァーテ。loro の時はアーヴァノ。-ere，-ire 動詞の場合も同様。

活用形が不規則な動詞について

io の活用形が基本となり，語尾変化は規則的。

やはり，-vo / -vi / -va / -vamo / -vate / -vano は共通である。

現在形において不規則活用をする動詞でも，半過去では規則変化をするものが多い。半過去で不規則な活用をする主な動詞は以下のとおり。

fare　facevo / facevi / faceva / facevamo / facevate / facevano
bere　bevevo / bevevi / beveva / bevevamo / bevevate / bevevano
dire　dicevo / dicevi / diceva / dicevamo / dicevate / dicevano

半過去，大過去

essere は変わった変化をするので注意が必要である。
essere　　ero / eri / era / eravamo / eravate / erano

半過去のニュアンス—近過去との違い

　半過去の文の表す意味とニュアンスを，ターゲット文を例として，近過去と比較しながら見てみましょう。

半過去　Ieri sera alle nove <u>ero</u> già a casa.（ターゲット文）
　　　　昨夜9時，私はもう家にいた。
　　　＊その時点での状態，状況を示す。その動詞はある程度継続する状態や状況を表すものである。

近過去　Ieri sera <u>sono tornato</u> a casa alle nove.
　　　　昨夜9時に私は帰宅した。
　　　＊継続しないある動作や行動が，その時点で為されたことを示す。

　以下のように，動作や状況が終了しているかどうかという視点の有無も，使い分けに関わる。

半過去　動作や状況が終了しているかどうかという視点がない。
　　　　<u>Scrivevo</u> una lettera.
　　　＊手紙を「書いていた」ことを示す。

近過去　動作や状況が終了していることが自ずと示される。
　　　　<u>Ho scritto</u> una lettera.
　　　＊手紙を「書き終わった」ことを示す。

《過去の習慣》としての用法

「子供の頃〜していた」などの文は，半過去を用いて表す。
《過去の習慣》の文でよく用いられる「子供の頃」「若い頃」は，以下のように2通りの表現がある。

接続詞 quando を用いる。

Quando ero picco<u>lo</u>, andavo spesso al mare.
私は子供の頃，よく海に行っていた。　　　（ターゲット文）

同じ文で，「私」が女性のときは次のようになる。既習のとおり，形容詞の語尾は主語の性数に合わせる。

Quando ero picco<u>la</u>, andavo spesso al mare.

Quando era giova<u>ne</u>, lui usciva sempre con gli amici.
彼は若い頃，いつも友だちと出かけていた。

Quando erano giova<u>ni</u>, loro uscivano sempre insieme.
彼らは若い頃，いつも一緒に出かけていた。

＊従属節と主節の主語が同一の場合，主語を入れる必要がある時には主節の方に入れる。

前置詞 da を用いる。（上の文はそれぞれ以下のようになる）

Da picco<u>lo</u> andavo spesso al mare.（「私」が男性）

Da picco<u>la</u> andavo spesso al mare.（「私」が女性）

Da giova<u>ne</u> lui usciva sempre con gli amici.

Da giova<u>ni</u> loro uscivano sempre insieme.

> **注意**
> 「da」を用いる表現についても，形容詞は主語の性・数に合わせる。「piccolo」は主語の「私」が女性なら女性形，「giovane」は男女同形で，主語が複数形ならそれに合わせて「giovani」。

近過去と半過去をともに使う場合

1つの文の中で，近過去と半過去をともに用いる場合がある。

Mentre <u>andavo</u> a scuola, <u>ho incontrato</u> Luigi.
　　　　半過去　　　　　　　近過去　　　（ターゲット文）
学校に行く途中でルイージに会った。

近過去　終了した動作，終わった出来事を表す節に用いる。
半過去　その時点で継続している動作や，場面の描写を表す節に用いる。

Quando sono uscito di casa, non pioveva.
家を出たときには雨は降っていなかった。

Oggi non sono andata al lavoro perché avevo mal di testa.
頭が痛かったので今日は仕事に行かなかった。

mentreを使う文で，両方の節の動作が並行して行われているような場合は，両方ともに半過去を用いる。

Mentre camminava, fumava.　（ターゲット文）
彼は歩きながらたばこを吸っていた。

さらに詳しく・・・

大過去
大過去とはどんな時制か？
次の2つの文を見てみましょう。

① Quando sono uscito di casa, non pioveva.
家を出たときには雨は降っていなかった。

② Oggi non sono andata al lavoro perché avevo mal di testa.
頭が痛かったので今日は仕事に行かなかった。

①の文のsono uscito di casa（家を出た）とnon pioveva（雨は降っていなかった），②の文のnon sono andata al lavoro（仕事に行かなかった）とavevo mal di testa（頭が痛かった）。両文とも，2つのことは過去の同じ時点であった事です。

では，次の日本語文の2つのこと（「家を出た」と「手紙が届いた」）についてはどうでしょう。

③家を出たときには<u>手紙はすでに届いていた</u>。

2つのことは同じ時点に起こったのではなく，下線部がより以前に起こったことです。つまり，現在から見れば，「家を出た」のは過去のことであり，「手紙が届いた」のはさらに前の過去のことです。その「過去よりも前の過去」を「大過去」といいます。

大過去のつくり方

> avere または essere の半過去（主語に合わせる）＋過去分詞

avere と essere の使い分けは近過去の場合と同様。
essere の場合，過去分詞は性・数を主語に合わせる。

③の文をイタリア語にしてみましょう。下線の動詞の時制が「大過去」です。

Quando sono uscita di casa, la lettera <u>era già arrivata</u>.

大過去の用法

大過去は，接続詞 dopo che（〜してから）の節の中で使われることがあります。

Sono uscita dopo che i miei figli <u>erano tornati</u>.
　子供たちが帰ってきてから私はでかけた。

関係代名詞を使った文で，主節が過去時制の場合に，関係節の中で大過去が使われることがあります。（→第23課　関係代名詞）

Abbiamo mangiato il minestrone che la mamma <u>aveva preparato</u>.
　私たちはお母さんが作っておいてくれたミネストローネを食べた。

練習問題

練習問題Ⓐ

1 次の動詞を主語に合わせて半過去形にしましょう。

1. lavorare（①君 / ②私たち）　2. studiare（①私 / ②君たち）
3. scrivere（①彼 / ②私たち）　4. sentire（①君たち / ②彼ら）
5. fare（①彼 / ②私たち）

2 次の動詞を用い，指定の語を主語にして半過去の文にしましょう。

1. dormire　（①私の息子 / ②子供たち）
2. guardare la TV　（①私たち / ②君たち　共に主語省略）
3. ieri sera / ascoltare la musica　（①私の兄 / ②私と妻）
4. leggere un libro　（①君たち（主語省略）/ ②学生たち）
5. bere all'osteria con gli amici　（①私（主語省略）/ ②彼女の夫）

練習問題Ⓑ

1 次の従属節の部分（日本語の部分）をイタリア語に訳し，それに続く主節として動詞を正しい形にした節をつくり，1つの文にしましょう。主語を入れる必要があるときは，主節の方に入れます。

（**1. 2. 4.** は日本語の部分を2通りに訳し，2文をつくること）

1. 君（女性）は子供の頃　piangere spesso
2. 彼は若い頃　bere molto
3. 私はイタリアに住んでいた頃　scrivere spesso alla mia fidanzata
4. 私の息子たちは小さい頃　non mangiare molta verdura

2 次の質問をつくり，答えの文もつくりましょう。動詞を加えたり，あるいは適切な形にしたりすること。

1. 今君は何をしていたの？　答：stirare le camicie
2. 君たちは何を食べていたの？　答：la carne alla griglia
3. 君のお兄さんは何を読んでいたの？　答：una rivista coreana
4. イタリアでは天気はどうだった？　答：non molto bello

3 近過去と半過去の使い分けに注意して，従属節の部分（日本語の部分）をイタリア語に訳し，それに続く主節として動詞を正しい形にした節をつくり，1つの文にしましょう。

1. 私たちが駅に着いたとき（主語省略）　nevicare
2. 彼らがローマに来た頃　non esserci tanto traffico
3. 子供たちが眠っている間　io / leggere il giornale（主節は2通り）
4. 子供たちが眠っている間　io / finire di leggere il giornale

練習問題Ⓒ

1 大過去の用法に注意して，練習B－3の **1. 2.** の文の従属節はそのままに，後半（主節）には次の語を用いてつくりかえましょう。

1. 私たちが駅に着いたとき（主語省略）　il treno / già / partire
2. 彼らがローマに来た時　già / comprare / tanti souvenir

2 大過去の用法に注意して，次の文を訳しましょう。

1. 私たち（省略）が駅に着いた時，彼女たちはすでに着いていた。
2. 彼らがローマに来た時，バーゲン (i saldi) はすでに終わっていた。
3. 妹が勉強をし終わってから，私たち（省略）は一緒にテレビを見た。
4. 大学に入った時，私（女性・省略）はすでに2度海外に (all'estero) 行ったことがあった。

❗ 動詞のまとめ・その2（pp.188－190），その4（p.250）を読みましょう。

この課の新出単語

- ☐ camminare　歩く
- ☐ osteria　居酒屋
- ☐ stirare　アイロンをかける
- ☐ nevicare　雪が降る
- ☐ sempre　いつも
- ☐ piangere　泣く
- ☐ alla griglia　焼いた・グリルした
- ☐ traffico　渋滞・交通

「さらに詳しく」＋練習Ⓒの単語

- ☐ dopo che ～　～してから
- ☐ saldi　男複　バーゲン
- ☐ mamma　ママ，お母さん
- ☐ all'estero　海外に

半過去，大過去

Lezione 20 未来形

❖ この課のポイント ❖

- イタリア語では,「明日」や「来週」など未来の事を表す場合でも現在形を使うことが多いが,未来形も存在する。
- 未来形は,未来のことを予想・推測して述べるときにも用いるが,その場合,現在形に比べて不確かな意味合いが増す。
- 未来形は,「~しよう」という意志を表現するのによく用いる。
- 未来でなく現在の事を言う場合でも,推測や想像の要素が強いとき未来形を用いる。(→「さらに詳しく」)

ターゲット

CD88

Studierò molto quest'anno.
今年はしっかり勉強しよう。

Sarai un bravo insegnante.
君は優秀な教師になるよ。

Cosa **farete** dopo la laurea ?
君たち卒業後はどうするの？

Paola e Marco **si sposeranno.**
パオラとマルコは結婚するだろう。

文法ノート

未来形の活用（規則変化）

-are と -ere の変化は全く同じ。-ire も i を除く部分が他の２つと共通である。

-rò / -rai / -rà / -remo / -rete / -ranno が共通する部分である。

	-are	-ere	-ire
io	-erò	-erò	-irò
tu	-erai	-erai	-irai
lui	-erà	-erà	-irà
lei, Lei	-erà	-erà	-irà
noi	-eremo	-eremo	-iremo
voi	-erete	-erete	-irete
loro	-eranno	-eranno	-iranno

mangiare は mangerò となる。mangierò ではない。
giocare は giocherò，pagare は pagherò というように発音の関係で h が入る。

活用形が不規則な動詞

io の活用形が基本となるので正確に覚えること。変化自体は規則的。

-rò / -rai / -rà / -remo / -rete / -ranno が共通する部分である。

andare	andrò / andrai / andrà / andremo / andrete / andranno
avere	avrò / avrai / avrà / avremo / avrete / avranno （同型に dovere〈dovrò〉, potere〈potrò〉, sapere〈saprò〉, vedere〈vedrò〉など）
fare	farò / farai / farà / faremo / farete / faranno
stare	starò / starai / starà / staremo / starete / staranno （同型に dare〈darò〉など）

以下の動詞は活用形の語幹が原形とは違うので注意が必要。

essere	sarò / sarai / sarà / saremo / sarete / saranno
venire	verrò / verrai / verrà / verremo / verrete / verranno
volere	vorrò / vorrai / vorrà / vorremo / vorrete / vorranno

再帰動詞の未来形

動詞の本体が未来形になる。再帰代名詞はそのままで現在形と同様。動詞の用法も現在形と同じ。

Domani mattina **mi alzerò** presto.
明日の朝は早く起きよう。

Che cosa **ti metterai** per la festa ?
パーティーに何を着るつもり？

Paola e Marco **si sposeranno**. （ターゲット文）

前置詞 fra, tra（〜後に）

「2週間後に」「1年後に」など「〜後に」という表現には，前置詞 fra を用いる。tra も同様に使われる。順に，次のようになる。

fra due settimane / **fra** un anno

Partirò per l'Italia **fra** due mesi.
2か月後にイタリアに出発します。

さらに詳しく・・・

現在における未来形の使用

未来でなく現在の事を言う場合でも，推測して述べるときや想像の要素が強いときには未来形を用いる。

Chi sarà ?　——Non lo so, sarà sua madre.
　誰だろうね。　——わからないけど，彼のお母さんじゃないかな。

Ho fame! Sarà mezzogiorno.
　おなかがすいたな。もうお昼頃だろう。

節の中の未来形

「もし〜なら」「〜した時に」などの節の中で未来形を使うことも可能である。
　主語が必要な場合は，主節・従属節の主語が同じであれば，主節にのみ主語を入れる。（→第14課　接続詞を使った文）

Se pioverà, rimanderemo il viaggio.
　もし雨が降ったら旅行は延期しよう。

Quando sarai grande che cosa farai ?
　大きくなったら何になるの？

Quando si laureerà che cosa farà tuo figlio ?
　息子さんは卒業したら何をするの？

練習問題

練習問題Ⓐ　　CD89

1. 次の動詞の未来形の活用形をすべてつくりましょう。（解答はCDにも収録）

　　1. studiare　2. mangiare　3. scrivere　4. chiedere
　　5. sentire　6. spedire　7. alzarsi　8. svegliarsi

2 次の動詞を，「私」が主語の未来形にして，「～しよう」という意志を表す文をつくりましょう。

1. leggere il giornale ogni giorno
2. arrivare alla stazione prima delle nove
3. fare del mio meglio （最善を尽くす）
4. domani / vestirsi bene

3 次の動詞を，指定の語を主語にして未来形にし，未来のことについての予想や推測の文をつくりましょう。

1. stasera / tornare tardi　（私の娘）
2. arrivare in ritardo　（電車）
3. rispondere alla mia lettera　（彼・疑問文）
4. aprire i regali subito　（子供たち）

練習問題Ⓑ

1 練習Ａ－３と同様，未来のことについての予想や推測の文をつくりましょう。

1. venire in ufficio in tempo　（あの社員）
2. mangiare il sushi　（君のフランス人の友だち（男）疑問文で）
3. andare a quel ristorante a Roma　（私の友人たち（男女））
4. dovere rifare il lavoro　（作業員 operaio たち）
5. fra venti anni / come / essere　（この町・疑問文で）

練習問題Ⓒ

1 次の動詞を指定の語を主語にして未来形にし，現在のことについての推測の文をつくりましょう。

1. stare bene　（私の両親）
2. esserci nel parco　（たくさんの人々 tanta gente）
3. esserci nell'aula （たくさんの学生たち）

2 以下の語と指定の主語を用いて，従属節・主節とも未来形にし，「もし〜であれば〜だろう（〜しよう）」などの文をつくりましょう。なお，両方の節で主語が共通する場合，必要なら主節の方に入れます。

1. 私たち（主語省略）
   se / domani nevicare / non partire
2. あの学生たち
   quando / fra due mesi laurearsi / andare all'estero
3. あの子
   quando / essere grande / essere un bravo giocatore di baseball

❗ 動詞のまとめ・その2（pp.188 – 190），その4（p.251）を読みましょう。

未来形の文でよく使う語のまとめ
- ☐ domani　明日
- ☐ la settimana prossima　来週
- ☐ l'anno prossimo　来年
- ☐ un giorno　いつか
- ☐ dopodomani　あさって
- ☐ il mese prossimo　来月
- ☐ (il) sabato prossimo　来週の土曜

この課の新出単語
- ☐ insegnante　男女 教師
- ☐ fra 〜　〜後に
- ☐ fare del mio meglio　自分（私）の最善を尽くす
- ☐ rifare　やり直す
- ☐ laurea　大学卒業
- ☐ prima di 〜　〜の前に
- ☐ operaio / operaia　作業員

「さらに詳しく」＋練習Ⓒの単語
- ☐ rimandare　延期する
- ☐ parco　公園
- ☐ laurearsi　大学を卒業する（未来形の活用は，mi laureerò ...）
- ☐ grande　大きい

EXTRA 8
先立未来

先立未来

「今頃彼は私の手紙を受け取っているだろう。」この文は推測であり不確かな内容です。推測や不確かな内容には未来形を用いると学びましたが，文法的には「受け取る」という行為はすでに完了しているので，ふつうの未来形は使えません。そんな時使われるのが「先立未来」です。

先立未来のつくり方

avere または essere の未来形（主語に合わせる）＋過去分詞

avere と essere の使い分けは近過去の場合と同様。
essere の場合，過去分詞の語尾は主語の性・数に合わせる。

先の文「今頃彼は私の手紙を受け取っているだろう」は次のようになる。下線の動詞の時制が先立未来。

Ora lui avrà ricevuto la mia lettera.

現在における推測だけでなく，「明日の朝」のように未来のある時点を基準とする時も同様に，先立未来を用いる。

Domani mattina lui avrà ricevuto la mia lettera.

来月イタリアに「(1)出発する」時にはこの教科書を「(2)読み終えているだろう。」
　この文中の(1)の部分はふつうの未来形でよいが，(2)は未来のなかでも完了している行為である。したがって(2)には先立未来を用いる。

Quando partirò per l'Italia il mese prossimo, avrò finito di leggere questo libro di testo.

先立未来は，接続詞 dopo che（〜してから）の節の中で使われることもある。

Gli ospiti andranno a letto dopo che avranno fatto il bagno.
お客たちはお風呂に入ってから寝るだろう。

動詞のまとめ・その２

❖「時制」の観点から見てみよう①❖

動詞を「時制」という観点から全体的に眺めてみましょう。

イタリア語における文法用語の時制を表す語である「現在」「未来」「過去」は，実際の"現在""未来""過去"という"時"をそのまま文字どおり示しているでしょうか。じつはそうとは限りません。ここでは，直説法の「現在」「未来」「近過去」「半過去」という４つの時制の使い分けを考察しながら見ていきましょう。

"現在"のことを表現するとき

現在形（直説法現在）

正確な用語は「直説法現在」。主に次のような内容を表す。

現在の行為，状態，状況

　　Lavoro in una banca.　私は銀行に勤務しています。

現在の習慣

　　Quando lavoro mi metto gli occhiali.
　　　仕事をする時眼鏡をかける。

ジェルンディオを用いた現在進行形（stareの直説法現在＋ジェルンディオ）

今現在その行為をしている最中であることを強調して表す。

　　Sto lavorando adesso.　今仕事中だ。
（→第22課　ジェルンディオ）

未来形（直説法未来）

このほか，現在のことであっても推測して述べる場合には，未来形を用いる。

　　Sarà quasi mezzogiorno.　（今はおそらく）お昼頃でしょう。

"未来" のことを表現するとき

現在形（直説法現在）
ほぼ確定した予定である場合は，未来のことであっても現在形を用いることが多い。

> Domani vado al cinema.　明日映画に行く。

未来形（直説法未来）
意志を表現するとき，また不確定な要素が強い場合に用いられる。

> Domani andrò al cinema.　明日映画に行こう。／行くだろう。

"過去" のことを表現するとき

近過去（直説法近過去）
主に次のような内容を表す。

過去における行為や，過去にあった出来事

> Ieri ho studiato a casa.　昨日家で勉強した。

完了した（あるいはしていない）行為，出来事

> Non ho ancora finito il lavoro.　まだ仕事を終えていない。

過去における経験

> Sono stata a Roma due volte.
> 　2回ローマに行ったことがある。

> **注意**
> 英文法でいう「現在完了」にはこの近過去を用いる場合が多い。なおイタリア語の文法用語では「現在完了」という語はあまり用いられない。

半過去（直説法半過去）

過去のある時点で行っていた動作，過去のある時点での状況

> Ieri alle nove studiavo.　昨日の9時には勉強していた。

過去の習慣

> Quando lavorava, mio padre si metteva gli occhiali.　仕事をする時，父は眼鏡をかけていた。

> **注意**
> 半過去は，英文法でいう「過去進行形」と同じようなニュアンスを持つと考えることができる。

近過去と半過去の違いについては，第19課「半過去と大過去」の文法ノートを参照のこと。

以上の4つの時制のほかに，直説法では，「大過去」「先立過去」「先立未来」「遠過去」がある。それぞれの課を参照のこと。

Lezione 21 比較級と最上級

❖ この課のポイント ❖

- 比較の表現「AはBより〜だ。」では，più＋形容詞，「BはAほど〜ではない。」では，meno＋形容詞という形を用いる。
- 「最も〜である。」という最上級の表現は，定冠詞＋più＋形容詞の形が基本。
- 比較級や最上級で用いる形容詞および定冠詞は，通常どおり，主語あるいは修飾される名詞の性・数に一致する。
- 数・量の比較には che を用いる。
- 絶対最上級は「非常に〜だ」という意味を表し，形容詞の語尾が -issimo となるのが基本である。
- 同等比較は「〜と同様…だ」という意味を表し，come あるいは quanto を用いる。

ターゲット

CD90

Giovanni è **più alto di** Mario.
ジョヴァンニはマリオより背が高い。

Mario è **meno alto di** Giovanni.
マリオはジョヴァンニほど背が高くない。

Gli italiani mangiano **più** pasta **che** riso.
イタリア人はお米よりもパスタを多く食べます。

Il Monte Fuji è **la** montagna **più alta** in Giappone.
富士山は日本でいちばん高い山だ。

文法ノート

比較級

AがAが主語で，Bと比較して「AはBより〜だ。」というとき，più +形容詞に続いて di +Bとなる。形容詞の性・数は主語Aに合わせる。

più +形容詞+ di + B

Giovanni è **più alto di** Mario. （ターゲット文）

Bが主語で，「BはAほど〜ではない。」というときは，meno +形容詞に続いて di +Aとなる。形容詞の性・数はBに合わせる。

meno +形容詞+ di + A

Mario è **meno alto di** Giovanni. （ターゲット文）

Questa rivista è **più interessante di** quella.
この雑誌はあの雑誌よりおもしろい。

Quella rivista è **meno interessante di** questa.
あの雑誌はこの雑誌ほどおもしろくない。

＊これらの文では，di の後は quella rivista / questa rivista となるはずだが，ふつう rivista が省略されて quella, questa のみになる。

数・量の比較

AとBで数・量を比較するときには che +Bとなる。

Gli italiani mangiano **più** pasta **che** riso.

（ターゲット文）

In questo ufficio lavorano **più** impiegate **che** impiegati.
このオフィスは男性社員より女性社員の方が多い。

最上級

「AがCのうちで最も〜である。」というのは，基本的に<u>定冠詞＋più＋形容詞</u>で，形容詞および定冠詞の性・数は主語Aに合わせる。

Cに用いる語によって，その前に置かれる前置詞（あるいは前置詞＋定冠詞）が変わる。

> Lui è **il più bravo tra** tutti i giocatori.
> 彼はすべての選手のうちでいちばん優秀だ。
>
> Lui è **il più bravo della** squadra.
> 彼はチームの中でいちばん優秀だ。

＊個人の集まりを指して「すべての〜」の時は tra。その組織の名詞の時は di ＋ 定冠詞。

次のように名詞を形容詞の前に置く表現も可能。その場合形容詞と定冠詞の性・数は名詞に合わせる。

> Lui è **il** giocatore **più bravo della** squadra.
> 彼はチームの中でいちばん優秀な選手だ。
>
> Il Monte Fuji è **la** montagna **più alta in** Giappone.
>
> （ターゲット文）

絶対最上級

「非常に〜である」という意味を表す。つまり，絶対最上級の形容詞と，molto を付けた形容詞とは，ほぼ同じ意味である。

語尾を -i に変えた上で，-issimo とするのが基本の形となる。語末が -o の形容詞と同様，主語や修飾される名詞に合わせて語尾変化する。

> Il panorama è <u>bellissimo</u>. （＝ molto bello）
> 景色がとても美しい。
>
> La signora era <u>gentilissima</u>. （＝ molto gentile）
> その女性は非常に親切だった。

Ho mangiato degli spaghetti buonissimi.
(= molto buoni)

> 私はとてもおいしいスパゲッティを食べた。
>
> ＊degli は部分冠詞。(→第２課　名詞「さらに詳しく」)

「Bと同じぐらい〜だ」（同等比較）

「AはBと同じぐらい〜だ」という意味を表し，比較の対象であるBの前に come あるいは quanto を用いる。形容詞の性・数は主語Aに合わせる。

> 形容詞＋ **come** ＋B 　あるいは　 形容詞＋ **quanto** ＋B

Silvia è simpatica **come** sua sorella.
> シルヴィアは彼女の姉と同じように感じがよい。

= Silvia è simpatica **quanto** sua sorella.

上の同等比較の文は，「così ＋形容詞＋ come」,「tanto ＋形容詞＋ quanto」という表現の così および tanto が省略された形。とくに così の方は省略された形を用いるのが普通である。ただし tanto は略されないこともある。

副詞の比較級と最上級

これまでに述べた形容詞についての規則は，副詞にもあてはまる。

Dario lavora **più** seriamente **di** Paolo.
> ダリオはパオロよりもまじめに働く。

Luisa parla giapponese **benissimo**.
> ルイーザは日本語をとても上手に話す。

> **注意**
> benissimo は bene の絶対最上級。副詞なので性・数に関する変化はない。

さらに詳しく・・・

1人（1つ）のうちでの2つの性質の比較
比較級では，1人の人（あるいは1つのもの）のうちでの2つの性質を比較する場合もある。その時は che を用いる。

Sono più triste **che** arrabbiata.
　私は怒っているというより悲しいのです。

di と che の使い分け
先に述べた規則も含めて，次のように言える。
di　　比較の対象が名詞，代名詞。
che　比較の対象がそれ以外の品詞。
　＊ただし，名詞であっても，数・量を比較するときは che を用いる。（→前述「文法ノート」比較級）

　＊2つの動詞を比較して述べる場合も，以下のように che を用いる。

In giapponese parlare è più facile **che** scrivere.
　　日本語は話すのが書くのより易しい。

　＊「昨日よりも」などのように，時を表す副詞が比較の対象のときは，di を用いる。

Oggi sto meglio **di** ieri.　今日は昨日に比べると体調が良い。
　（meglio については後述「特殊な比較級」参照）

同等比較について
1人（1つ）のうちで2つの性質を同じぐらい備えているという場合は，2つの形容詞AとBの同等比較として，次のようになる。

　　　tanto ＋形容詞A　quanto ＋形容詞B

Quel libro è tanto utile quanto divertente.
　あの本はおもしろくて役に立つ。

特殊な比較級

以下の形容詞と副詞は，次のように比較級が特殊である。

形容詞：buono – migliore　　cattivo – peggiore

副　詞：bene　– meglio　　　male　– peggio

Antonio dice che la pizza di Napoli è migliore di quella di Roma.
　ナポリのピッツァはローマのピッツァよりおいしいとアントニオは言っている。

特殊な絶対最上級

以下の形容詞では，絶対最上級が規則どおりの語以外にもう１つある。

buono – buonissimo（他に ottimo）

cattivo – cattivissimo（他に pessimo）

練習問題

練習問題Ⓐ

1. ＡとＢを比較し，指定の形容詞を用いて「ＡのほうがＢより～（形容詞）だ」という文をつくりましょう。

　　1. A. Francesco　　B. Fabio　　　　　sportivo
　　2. A. il limone　　　B. l'arancia　　　　aspro
　　3. A. questo vino　B. quel vino　　　　secco
　　4. A. voi　　　　　　B. quei ragazzi　　scrio　（主語省略）

　＊ 3. のように名詞が重なるときにはＢの名詞は省略する。指示語を正しい形にして用いること。（文法ノート「比較級」参照）

2 練習A−1の語を用いて、「BはAほど〜（形容詞）ではない」という文をつくりましょう。

1. A. Francesco   B. Fabio   sportivo
2. A. il limone   B. l'arancia   aspro
3. A. questo vino B. quel vino   secco
4. A. voi   B. quei ragazzi   serio

練習問題Ⓑ

1 指定の語を用いて、「AはCのうちでいちばん〜である」という文をつくりましょう。前置詞の使い分けに注意すること。

1. A. il lago Biwa   C. Giappone   grande
2. A. Maria   C. classe   studioso
3. A. quel signore   C. questa città   ricco
4. A. Giovanni   C. tutti gli invitati elegante

2 次の文を絶対最上級を使って書き換えましょう。

1. Fa molto freddo.
2. Quelle infermiere erano molto brave.
3. Gli esami erano molto difficili.
4. A Osaka Paola ha mangiato molto bene.

練習問題Ⓒ

1 日本語の意味に合わせて、比較や最上級の文をつくりましょう。

1. 彼は倹約家（parsimonioso）というよりはけち（avaro）だ。
2. その車はかっこいい（bello）というより実用的（pratico）だ。
3. 今日は昨日より気分がいい。
4. これがこのレストランでいちばん良いワインです。

2 日本語の意味に合わせて，同等比較の文をつくりましょう。

1. 今日も昨日と同じぐらい暑い。
2. 日本語は中国語と同じぐらい難しいですか？
3. この料理はおいしくて作るのも簡単だ。

この課の新出単語

- alto　背が高い
- montagna　山
- panorama　景色（-a だが 男）
- serio　まじめな
- aspro　すっぱい
- lago　湖
- studioso　勉強家の・勤勉な
- invitato　招待客
- monte　男 山(il Monte ～で～山)
- squadra　チーム
- seriamente　まじめに
- limone　男 レモン
- secco　辛口の・ドライの
- grande　大きい
- ricco　金持ちの

「さらに詳しく」＋練習Ⓒの単語

- triste　悲しい
- facile　易しい・簡単な
- divertente　おもしろい・愉快な
- male　悪く 副
- avaro　けちな
- arrabbiato　怒っている 形
- utile　役に立つ 形
- cattivo　悪い
- parsimonioso　倹約家の
- pratico　実用的な

Lezione 22 ジェルンディオ

❖ この課のポイント ❖

- 「ジェルンディオ」とは，英語の〈-ing 形〉に相当するもので，役割も似た部分がある。
- ジェルンディオは，基本的には動詞の原形の語尾を次のように変えてつくる。
  -are → -ando   -ere → -endo   -ire → -endo
- ジェルンディオを用いて進行形を表すことができる。進行形は，stare（主語に合わせる）＋ジェルンディオ。
- ジェルンディオを使った節は，接続詞を使った節と同じように，「〜しながら」「〜なので」「〜するならば」などの意味を表すことができる。

ターゲット

CD91

Sto mangiando.
　今食事中だ。

Non devi guidare parlando al telefonino.
　携帯電話で話しながら車の運転をしてはいけないよ。

Essendo giapponese, so mettermi il kimono.
　日本人なので，着物の着方は知っています。
　＊so の原形は sapere（知っている）。（→第13課　補助動詞「さらに詳しく」）

Facendo più pratica, riuscirai a giocare meglio.
　もっと練習すればさらに上手にプレーできるようになるよ。

文法ノート

ジェルンディオのつくり方

動詞の原形の語尾を次のように変える。

-are → -ando　　-ere → -endo　　-ire → -endo

不規則な変化をする動詞は少ない。以下はその主なものである。

fare → facendo　　bere → bevendo　　dire → dicendo

ジェルンディオの機能

ターゲット文でジェルンディオの機能を見てみましょう。

現在進行形

stare は本来「いる」という意味の動詞だが，ジェルンディオとともに用いて進行形の意味を表す。（→第9課　不規則動詞・その2）

> stare（主語に合わせる）＋動詞のジェルンディオ

例 mangiare の現在進行形（主語が「私」の場合）

stare → sto ＋ mangiare のジェルンディオ
Sto mangiando.

ジェルンディオを節として用いる用法

ジェルンディオは，接続詞を用いた節と同様に，「〜しながら」「〜なので」「〜するならば」などの意味を表すことができる。ジェルンディオの動詞の主語（行為者）は，主節の主語と同じ。初めの文はターゲット文。2番目の文は接続詞を用いた表現である。

Non devi guidare parlando al telefonino.

　《同時性》「話しながら」主語は tu
　　..... mentre parli al telefonino.

<u>Essendo</u> giapponese, so mettermi il kimono.

《理由》「日本人なので」主語は io
<u>Poiché sono</u> giapponese.....

<u>Facendo</u> più pratica, riuscirai a giocare meglio.

《条件》「もっと練習すれば」主語は tu
<u>Se fai</u> più pratica.....

さらに詳しく・・・

過去形の文におけるジェルンディオ

これまで現在形あるいは未来形の文の中でのみ使われたジェルンディオの用法を見てきましたが，過去形の文の中でも使うことができます。

過去進行形

Stava leggendo il giornale.
彼は新聞を読んでいた。

> **注意**
> 動詞自体が半過去である Leggeva il giornale. という文でも「読んでいた」という過去進行形の意味を表すが，ジェルンディオを使うと進行形のニュアンスがよりはっきりする。

ジェルンディオを節の代わりに用いる用法

Ho lavato i piatti <u>ascoltando</u> la musica.
音楽を聴きながら食器を洗った。

..... <u>mentre ascoltavo</u> la musica.

<u>Lavorando</u> fino a tardi, in quel periodo mia madre era sempre stanchissima.
母は当時遅くまで働いていたので，いつも非常に疲れていた。
<u>Poiché lavorava</u> fino a tardi, ...

主節より以前のことを表す場合

ジェルンディオの節が，主節より以前のことを表す場合
- avere あるいは essere のジェルンディオ＋過去分詞。
- 助動詞 avere と essere の使い分けは近過去の場合と同じ。
- essere の場合，過去分詞は性・数を主語に合わせる。

接続詞を使った文で書き換えた場合，その節の動詞は主節の動詞よりさらに以前のことなので，時制は大過去である。

<u>Avendo superato</u> l'esame, ha fatto la festa con la famiglia.
　　試験に合格して，彼は家族とパーティーをした。
　　<u>Poiché aveva superato</u> l'esame, ...

<u>Essendo arrivata</u> alla stazione in ritardo, Lucia ha perso il treno.
　　ルチーアは駅に遅れて着いたので電車に乗り遅れた。
　　<u>Poiché era arrivata</u> alla stazione in ritardo, ...

これらの文の avendo や essendo は省略されることが多く，それぞれ次のようになる。

<u>Superato</u> l'esame, ha fatto la festa con la famiglia.

<u>Arrivata</u> alla stazione in ritardo, Lucia ha perso il treno.

再帰動詞のジェルンディオおよび補語人称代名詞

再帰動詞をジェルンディオにすることも可能。"動詞本体"をジェルンディオにしたものに，再帰代名詞（主語に合わせる）を付ける。

Guardandomi nello specchio, mi sono messa gli orecchini.
　　私は鏡を見ながらイヤリングをつけた。

ジェルンディオの動詞に補語人称代名詞を伴う場合，再帰代名詞と同様にジェルンディオの動詞につける。

Conoscendola da tanti anni, l'aiuterò volentieri.
彼女のことは長年知っているので，喜んで助けたいと思う。(l' = la)

練習問題

練習問題Ⓐ

1 次の動詞をジェルンディオにして，「彼」を主語とした現在進行形の文をつくりましょう。

1. ascoltare la radio
2. fare le pulizie
3. scrivere un tema
4. dormire

2 以下は練習A－1と同じ動詞です。指定の語を主語とした現在進行形の文をつくりましょう。

1. ascoltare la radio（私たち－主語省略）
2. fare le pulizie（ウェイターたち）
3. scrivere un tema（君たち－疑問文・主語省略）
4. dormire（その子）

練習問題Ⓑ

1 次の文の接続詞を用いた従属節を，ジェルンディオの節にして書き換えましょう。

1. Non mangiare mentre leggi il giornale.
2. Poiché ho una bella macchina, potrò invitare le ragazze.
3. Se arriviamo in tempo, potremo entrare.

2 次の文のジェルンディオの節を，接続詞を用いた節にして書き換えましょう。

1. Aspettando l'autobus, fuma una sigaretta.
2. Prendendo la giusta medicina, guarirai presto.
3. Essendo stranieri, non sanno chi è il Primo Ministro giapponese.

* sanno の原形は sapere（知っている）。用法については第13課補助動詞「さらに詳しく」参照。

練習問題Ⓒ

1 次の文のジェルンディオの節を，接続詞を用いた節にして書き換えましょう。

1. Pensando a te ti ho scritto quella lettera.
2. Avendo fame da morire, ha rubato il pane.
3. Non sapendo dove andare, sono andati alla polizia.

2 次の文のジェルンディオの節を，接続詞を用いた節にして書き換えましょう。

1. Avendo ricevuto un pacco da te, ti ho scritto questa lettera.
2. Avendo finito tutti i soldi, ha rubato il pane.
3. Essendosi persi, sono andati alla polizia.

⚠ 動詞のまとめ・その2（p.188）を読みましょう。

この課の新出単語

- ☐ guidare　運転する
- ☐ riuscire　うまくいく
- ☐ cameriere　ウェイター / cameriera　ウェイトレス
- ☐ giusto　適切な・正しい
- ☐ guarire　治る
- ☐ il Primo Ministro　首相
- ☐ fare pratica　練習する
- ☐ tema　作文（-a だが 男）
- ☐ medicina　薬
- ☐ straniero (-a)　外国人，外国の

「さらに詳しく」＋練習Ⓒの単語

- ☐ periodo　期間・時期
- ☐ famiglia　家族
- ☐ guardarsi　自分自身の姿・顔を見る
- ☐ aiutare　助ける・手伝う
- ☐ polizia　警察
- ☐ superare　合格する
- ☐ perdere – perso　乗り遅れる・失う
- ☐ specchio　鏡
- ☐ rubare　盗む
- ☐ perdersi　道に迷う

Lezione 23 関係代名詞

❖ この課のポイント ❖

- 関係代名詞とは，ある名詞を修飾・説明するため「代わってつなぐ」ことばである。
- 修飾・説明される名詞を「先行詞」といい，修飾の文はもとになる文に組み込まれて「関係節」となる。
- 関係代名詞には，che と cui がある。先行詞の語が関係節においてどんな役割をしているかによって，使い方が決まる。
- che は，先行詞が関係節において主語である場合と直接目的語（直接補語）である場合の2通りに用いられる。
- cui は，前置詞とともに用いられる。

ターゲット

CD92

1) **La ragazza che parla con il professore è Maria.**
   教授と話している女の子はマリーアです。

2) **La ragazza che hai visto è Maria.**
   君が見た女の子はマリーアだよ。

3) **La ragazza con cui ho parlato è Maria.**
   僕が話をした女の子がマリーアだよ。

4) **La ragazza a cui ho telefonato è Maria.**
   僕が電話した女の子はマリーアだよ。

文法ノート

関係代名詞とは？

- ある名詞を修飾したり説明したりする語は形容詞である。だが，語ではなく，文のように主語や動詞を備えたもの（節という）で名詞を修飾・説明する場合がある。その時必要なのが関係代名詞である。
- そして，関係代名詞とは，ある名詞を修飾・説明するため「代わってつなぐ」ことばである。
- 修飾の文は，もとになる文に組み込まれて「関係節」となる。
- 関係節に修飾・説明される名詞を「先行詞」という。

関係代名詞 che の用法

　先行詞の語が，修飾文（関係節となる文）において，主語あるいは直接目的語の役割をしている場合に che を用いる。以下はターゲット文1）2）を分解して説明したものである。

もとになる文　La ragazza è Maria.　その女の子はマリーアだ。
（la ragazza が先行詞として修飾され，どんな女の子か説明される）

1）先行詞の語が修飾文の中で主語の場合

修飾文　La ragazza parla con il professore.　その女の子は教授と話している。

修飾文の中で la ragazza は主語
→関係代名詞 che が，主語 la ragazza に「代わってつなぐ」

　　La ragazza che parla con il professore è Maria.
　　　　　　　　　↑
　　　　　　la ragazza
　　教授と話しているその女の子はマリーアだ。

2) 先行詞の語が修飾文の中で直接目的語の場合

修飾文　Hai visto la ragazza.　君はその女の子を見た。

修飾文の中で la ragazza は直接目的語

→関係代名詞 che が，目的語 la ragazza に「代わってつなぐ」

La ragazza che hai visto è Maria.
　　　　　　↑
　　　　la ragazza

（修飾文では la ragazza は hai visto の後だが，che に代わると前にくる）

君が見たその女の子はマリーアだ。

関係代名詞 cui の用法

修飾のしくみは同じだが，ターゲット文3) 4) では che が使えない。前置詞を伴っているからである。その時は cui を用いる。以下に分解して示す。

3)

修飾文　Ho parlato con la ragazza.　僕はその女の子と話をした。

修飾文の中で la ragazza は主語でも直接目的語でもなく，**前置詞**を伴っている。

その場合 che は使えない。

前置詞が付随することばに「代わってつなぐ」のは cui

La ragazza con cui ho parlato è Maria.
　　　　　　　↑
　　　　la ragazza

僕が話をしたその女の子がマリーアだ。

4)

修飾文　Ho telefonato alla ragazza.　僕はその女の子に電話した。

修飾文の中で la ragazza は主語でも目的語でもなく，**前置詞**の付随することば。che は使えない。

関係代名詞 cui が「代わってつなぐ」

La ragazza a cui ho telefonato è Maria.
　　　　　　↑
　　　　la ragazza

僕が電話をしたその女の子はマリーアだ。

che と cui の使い分けのまとめ

- che　関係節（修飾文）の中で，先行詞の語が主語あるいは直接目的語の場合
- cui　関係節（修飾文）の中で，先行詞の語に前置詞が付く場合

注意
- 先行詞が人か物かによって関係代名詞が変わることはない。
- a cui は，a が省略され cui のみで使われることもある。
    La ragazza cui ho telefonato è Maria.

さらに詳しく・・・

関係副詞

　場所を表すことばが先行詞のとき，関係節によっては，関係代名詞に前置詞を伴った in cui や a cui が用いられるが，その代わりとして dove（関係副詞）が使われることもある。

　　Questa è la città in cui sono nata.
　= Questa è la città dove sono nata.
　　　ここが私の生まれた町です。

注意
場所を表すことばが先行詞のとき常に〈前置詞 + cui〉とは限らない。Questa è la città che mi piace. これが私の好きな町です。

chi（〜する人，〜である人）

la persona che, uno che（〜する人，〜である人）は chi に置き換えられる。男性単数扱いである。

> Chi vuole guidare in Italia deve avere la patente internazionale.
> イタリアで車を運転したい人は国際免許証を持っていないとだめだ。

定冠詞を伴う cui

もとになる文　Conosco una ragazza.
　　　　　　　私はその女の子を知っている。

修　飾　文　Il cugino di quella ragazza è un famoso calciatore.
　　　　　　その女の子のいとこは有名なサッカー選手だ。

このように，先行詞にすべき語が「所有するもの」（＝その女の子）である場合，「所有されるもの」（＝いとこ）の前に cui，さらにその前にその語に合わせた定冠詞がついて il cui cugino となる。そして，先行詞 la ragazza の後ろに置かれる。

> Conosco una ragazza il cui cugino è un famoso calciatore.
> 私は，いとこが有名なサッカー選手の女の子を知っている。

定冠詞を伴う関係代名詞 quale

関係代名詞には，このほか quale というのがある。必ず定冠詞を伴う。定冠詞は先行詞の性と数に一致する。ここでは前置詞を伴う用法のみを挙げる。

> ① La ragazza della quale ti ho parlato è Maria.
> 私が君に話した女の子というのはマリーアです。

> ② Il ragazzo del quale ti ho parlato è Paolo.
> 私が君に話した男の子というのはパオロです。

それぞれ cui を使った文にすることも可能である。

> ① La ragazza di cui ti ho parlato è Maria.

> ② Il ragazzo di cui ti ho parlato è Paolo.

先行詞が複数の場合，定冠詞は複数になり，quale も複数形 quali になる。

I ragazzi dei quali ti ho parlato sono i fratelli di Maria.
私が君に話した男の子たちというのはマリーアの弟たちです。

練習問題

練習問題Ⓐ

1. 関係代名詞を使って2つの文を1つにしましょう。もとになる文（基本文）に，関係節となる①，②の修飾文を組み合わせてつくります。

    1. 基本文：Quel signore è uno scrittore famoso.
    ① Quel signore sta mangiando lì.
    ② Hai incontrato quel signore poco fa.
    2. 基本文：Il libro di testo è molto utile.
    ① Il libro di testo ha tanti esercizi.
    ② Ho comprato il libro di testo in Italia.

2. 関係代名詞を使って次の2つの文①②を1つにしましょう。①がもとになる文，②が関係節となる修飾文です。

    1. ① Quel signore è uno scrittore famoso.
    ② Ho parlato con quel signore alla festa.
    2. ① Quel signore è uno scrittore famoso.
    ② Il presidente della nostra ditta ha pranzato con quel signore.
    3. ① Il libro di testo è molto utile.
    ② Il professore ha parlato del libro di testo.

練習問題Ⓑ

1 関係代名詞を使って次の２つの文①②を１つにしましょう。①をもとになる文とすること。

1. ① Le lasagne erano molto buone.
　　② Ho mangiato le lasagne dalla zia Anna.
2. ① La ditta è molto conosciuta.
　　② Ho mandato il mio curriculum vitae alla ditta.
3. ① Ho preso un piccolo cane.
　　② Questo piccolo cane era abbandonato nel parco.

練習問題Ⓒ

1 次の文の関係副詞の代わりに関係代名詞を使って，書き換えましょう。

1. Questo è un ristorante dove mangio spesso.
2. Quello è lo stadio dove ho visto la partita fra Milan e Inter.
3. Questo negozio è quello dove faccio sempre la spesa.

この課の新出単語

- ☐ scrittore / scrittrice　作家
- ☐ esercizio　練習問題
- ☐ ditta　会社
- ☐ curriculum vitae　男 履歴書
- ☐ famoso　有名な
- ☐ presidente　男 女 社長
- ☐ conosciuto　有名な・知られている
- ☐ abbandonare　捨てる・放棄する

「さらに詳しく」＋練習Ⓒの単語

- ☐ persona　人
- ☐ patente　女 運転免許証
- ☐ cugino / cugina　いとこ
- ☐ uno / una　ある人
- ☐ internazionale　国際的な
- ☐ calciatore / calciatrice　サッカー選手

Lezione 24 受動態

❖ **この課のポイント** ❖
- 受動態「～される」という文のつくり方は，essere（主語に合わせる）＋過去分詞＋da～ が基本となる。
- essere の代わりに venire も用いられる。
- venire は近過去には使えない。未来形には使える。

ターゲット

CD93

Il padre di Sandra **è** molto **amato** dalla famiglia.
　サンドラの父親は家族からとても愛されている。

Il libro **verrà pubblicato** l'anno prossimo.
　本は来年出版されます。

Sono stato invitato a pranzo dal signor Neri.
　私はネーリさんに昼食に招待された。

文法ノート

受動態での助動詞と過去分詞

受動態（受身）は「〜される」という意味の文で，以下のように助動詞として essere または venire が用いられる。その後ろに過去分詞が置かれる。

受動態のつくり方

essere または venire（主語に合わせる）+ 過去分詞 + da 〜

過去分詞の語尾は主語の性・数に合わせる。（→過去分詞については，第17課「近過去・その１」参照）

La maestra è amata dai suoi scolari.
先生は生徒たちに愛されている。

行為者を言う場合，da を用いて「〜に」「〜によって」という形になる。

venire を使った次の文も，essere を使った文と同じ意味である。

Il padre di Sandra viene molto amato dalla famiglia.
La maestra viene amata dai suoi scolari.

essere と venire の違い

essere は，受動態の文の現在・過去・未来いずれの時制にも用いることができる。その際，essere の時制によって文の時制が決定する。venire は，主に現在と未来にのみ用いることができ，近過去（および他の複合時制）に用いることはできない。

essereを使った文では，過去分詞が形容詞的になり，「（〜されて）そうなっている」という状態が表現される場合が多い。venireは，誰か行為者によって為されるというニュアンスが強い。

La finestra è aperta. →「窓が開いている」という状態。

La finestra viene aperta. →誰かによって「窓が開けられる」。

受動態の近過去

助動詞は essere のみ。venire を使うことはできない。

以下のように，essere の過去分詞 stato が入る。（stato については第18課「近過去・その２」を参照）その後に動詞の過去分詞が置かれる。

essere（主語に合わせる）+ stato (a / i / e) +過去分詞+ da 〜

注意

動詞の過去分詞だけでなく，stato も語尾を主語の性・数に合わせる。

Maria è stata invitata a cena dal suo fidanzato.
マリーアは婚約者に夕食に招待された。

さらに詳しく・・・

「〜されるべきだ」という文

助動詞に andare（主語に合わせる）を用いると，「〜されるべきだ」という意味になる。過去分詞の語尾についての規則は essere の場合と同様。

Le promesse vanno mantenute.
約束は守られるべきだ。

＊主語 le promesse が女性複数名詞なので，過去分詞 mantenuto の語尾が -e となる。

「盗まれた」などの表現

日本語でふつう「〜された」と訳されるが，イタリア語で受動態を用いない文がある。「私は財布を盗まれた」という文では，「私」や「財布」を主語とした受動態ではなく，「(彼らが) 私から財布を盗んだ」とするのが自然である。「誰々から」の部分には間接補語を用いる。

Mi hanno rubato il portafoglio.
私は財布を盗まれた。

si を使った受動態（→ 第25課　si の用法）

練習問題

練習問題Ⓐ

1 次の文を，2通りの言い方で受動態にしましょう。（① essere を使って。② venire を使って）

1. Molti turisti stranieri visitano Kyoto.
   （Kyoto は la città di Kyoto なので女性名詞扱い）
2. I ragazzi di molti paesi leggono quel libro.
3. In Corea tanti giovani studiano il giapponese.

2 次の文を受動態にしましょう。言い方は1通りです。

1. Quel signore ha comprato questo quadro.
2. I bambini hanno mangiato tutto il dolce.
3. Mia figlia ha preparato tutti i piatti per la cena.

練習問題Ⓑ

1 次の文を，2通りの言い方で受動態にしましょう。（① essere を使って。② venire を使って）

1. Quel pittore dipingerà un capolavoro.
2. Vinceremo noi il Campionato！
3. I clienti non accetteranno la mia proposta.

練習問題Ⓒ

1 以下の文は通常の受動態の文です。「～されるべきだ。」という表現に代えましょう。

1. I bambini sono protetti.
2. Le regole sono rispettate.
3. Questa situazione è considerata.

この課の新出単語

- pubblicare　出版する
- maestro / maestra　（小学校の）先生
- scolaro / scolara　生徒，児童
- visitare　訪れる（他動詞）
- quadro　絵
- dipingere – dipinto　描く
- vincere – vinto　勝つ
- proposta　提案
- aperto　開いている　形
- paese　男　国（Pを使う場合もある）
- pittore / pittrice　画家
- capolavoro　傑作
- Campionato　選手権

「さらに詳しく」＋練習Ⓒの単語

- promessa　約束
- portafoglio　財布
- regola　規則
- situazione　女　状況
- mantenere　守る・維持する
- proteggere – protetto　保護する
- rispettare　遵守する・尊敬する
- considerare　考慮する

Lezione 25

si の用法(受動態と非人称),代名小詞 ci と ne

❖ この課のポイント ❖

- si は,これまで再帰動詞における再帰代名詞として学習しているが,他にも用法がある。「受動態」と「非人称」の用法である。
- 受動態で使われる動詞は,直接目的語(直接補語)をとる動詞である。その目的語を主語として,「si +動詞の3人称形(単数あるいは複数)」で受動態を表すことができる。
- 「非人称」の文には,主語を明示せず「一般に人々が」という意味が含まれる。si を用いると,そのニュアンスを表すことができる。
- 代名小詞 ci は主に「a +〜」の代わりをする。したがって"場所"に代わることが多い。
- 代名小詞 ne は主に「di +〜」の代わりをする。"数"とともに使われることが多い。

ターゲット

CD94

Si vede la Luna stanotte. E **si** vedono anche le stelle. 　今夜は月が見える。星も見える。

Si viaggia bene in Giappone perché i treni sono puntuali. 電車が時間通りなので日本では旅行がしやすい。

Vai a scuola domani ? —— No, non **ci** vado.
　明日学校に行く? 　　　　　　—— 行かない。

Quante sigarette fumi al giorno ?
　1日何本たばこを吸うの?
—— **Ne** fumo una decina. —— 10本ぐらい吸うよ。

文法ノート

si の用法

ターゲット文での si の使い方を詳しく見てみましょう。

si を使った受動態（受け身の si）

Si vede la Luna. （ターゲット文）　月が見える←見られる。

「見る」という動詞は vedere で，その対象は la Luna。si を使った受動態ではこれが主語となる。
La Luna は3人称単数なので，動詞の活用形は vede。
si は動詞に前置されるので，si vede。この文型ではふつう主語は後ろに置くので，la Luna は後置される。

Si vedono le stelle. （ターゲット文）　星が見える←見られる。

vedere の対象は le stelle。si を使った受動態ではこれが主語となる。
Le stelle は3人称複数なので，動詞の活用形は vedono。
si は動詞に前置されるので，si vedono。この文型では主語は後ろに置くので，le stelle は後置される。

注意
- Si を使った受動態の文では，主語に注意すること。動詞（ここでは vedere）の"行為者"は「われわれ」であっても，文の主語は，動詞の後ろに置かれた名詞である。"行為者"と主語が同じではないので注意すること。
- 主語は，3人称単数・複数の名詞のみ。したがって，動詞も主語に一致して3人称単数・複数のみである。
- 特定の行為者によって行われることを意味する「da ～」（～によって）は言わない。

非人称の文における si

Si viaggia bene in Giappone. （ターゲット文）

ある決まった特定の人たちではない一般的な「人々」「彼ら」「われわれ」がその動詞の"行為者"であるような場合，主語は特定されない。それを「非人称」という。si には「非人称」の用法がある。La gente viaggia bene in Giappone. あるいは Loro viaggiano（または Viaggiamo）bene in Giappone. というような意味を表す場合，ターゲット文のように非人称用法の si を用いた文が自然である。

> **注意**
> 文型は si ＋動詞の３人称単数形で，直接目的語（＝直接補語）を伴わない動詞が用いられる。つまり，自動詞，およびその文中で目的語をとらない他動詞である。

以下のように，dire の３人称単数形 dice や，補助動詞 potere, dovere の３人称単数 può および deve とともに使う表現が非人称的によく使われる。

Si dice che lui lascerà il lavoro.
　　彼は仕事を辞めるという話だ。
Non si può immaginare.
　　想像できない。
Si deve pagare in contanti ?
　　現金で払わないといけないのですか？

＊トスカーナなどある地域では，ごく限られた「私たち」を主語とした場合と同義で，「si ＋３人称単数」を使う場合がある。例えば，Andiamo a mangiare. と同じ意味で Si va a mangiare. を用いることがある。

ci と ne の用法

代名小詞 ci と ne の，ターゲット文での用法を詳しく見てみましょう。

ci の用法

> Vai a scuola domani ?　——No, non ci vado.
> （ターゲット文）

答えの文は，No, non vado a scuola.
だが，質問文中の「a scuola」を答えの中で繰り返さないために，代名詞に代えるのが自然である。その時，a を含めて代名詞 ci に代わる。

$$a + \sim \ \rightarrow ci（動詞の前に置かれる）$$

場所の名詞に付く前置詞は a だけではなく in や da の場合もある。

> Vai in Francia ?　—— Sì, ci vado.
> フランスに行くの？　—— 行くよ。
>
> Non vado spesso dal medico, ma oggi ci vado.
> 医者にはよく行くわけではないが，今日は行く。

ne の用法

> Quante sigarette fumi al giorno ?
> — Ne fumo una decina. （ターゲット文）

答えの文は，Fumo una decina di sigarette.
だが，質問文中の「(di) sigarette」を答えの中で繰り返さないために，代名詞に代えるのが自然である。その時，di を含めて代名詞 ne に代わる。

$$di + \sim \ \rightarrow ne（動詞の前に置かれる）$$

同じ用法の ne が用いられている文では，数だけでなく量を表すことばが使われることもよくある。

Anche oggi mangi tanto dolce ?
今日もデザートをたくさん食べるの？

— No, oggi ne mangerò poco.
いや，今日は少しにしよう。

さらに詳しく・・・

si の用法の区別
次の3つの文を比べてみましょう。

① Si mangia bene in questo ristorante.
② Si mangia molto formaggio in Italia.
③ Si mangiano molti spaghetti in Italia.

① mangiare という動詞自体は他動詞だが，この文では直接目的語がない。特定の主語がない「一般的に人々は～」という意味の非人称の用法と解釈すればよい。
② molto formaggio を主語とした受動態の文である。
③ molti spaghetti が主語の受動態の文である。
日本語訳はそれぞれ以下の通り。(→以下は自然な日本語の文)
① このレストランで人々はおいしく食べる。
　→このレストランはおいしい。
② イタリアではたくさんのチーズが食べられる。
　→イタリアではたくさんチーズを食べる。
③ イタリアではたくさんのスパゲッティが食べられる。
　→イタリアではたくさんスパゲッティを食べる。

以上のように，自然な日本語では，si の用法における「非人称」と「受動態」の区別があいまいになります。そして，イタリア語では主語によって動詞の活用形が決まるため，主語が "formaggio" なら "si mangia"，"spaghetti" なら "si mangiano" となるので注意が必要です。

次の２つの文はどうでしょう？

④ Si vedono tanti manifesti in centro.

⑤ Si vedono in centro.

 ④は tanti manifesti が主語。受動態の文。
 ⑤では一見主語がないように見えるが，主語がないのではない。loro という主語が省略された文である。この si は，相互的用法の再帰動詞 vedersi における，主語が loro のときの再帰代名詞。

 ④ 町にはたくさんのポスターが見られる（→目につく）。
 ⑤ 彼らは町で会う。

以上のように紛らわしい場合があります。si を使った受動態の文の主語は，通常動詞の直後にあります。

⑥ Si lavano le lastre di acciaio（鋼板）.

⑦ Si lavano le mani.

⑥は「鋼板」が主語の受動態。鋼板が洗浄される。
⑦は再帰動詞で「彼ら」が主語。彼らは手を洗う。

後置された名詞の意味も確認し，主語が何であるかを見きわめて，文の意味を理解することが重要です。

再帰動詞の非人称的用法
 再帰動詞を非人称文で用いることもできます。非人称の si を用いる文型は，前述のとおり，si ＋動詞の３人称単数形。alzarsi の場合以下のようになります。

alzarsi「起きる」の非人称形
 alzarsi の３人称単数は Si alza。その前に非人称の si が置かれる。

 si ＋ si alza → 最初の si が変化して ci になる → ci si alza

 In campagna ci si alza presto.
  田舎では朝が早い。（←田舎では一般的に人々は朝早く起きる。）

ci の用法をさらに詳しく

ci は「a +～」に代わりますが,「～」が場所の名詞とは限りません。場所以外の名詞や動詞が a に続くときにも, ci はその代わりをします。

pensare a ～（～のことを考える）

 Pensi al futuro ?   ── Sì, ci penso!
  お前は将来のことを考えてるのか？ ── 考えてるよ！
 答えの文では al futuro に代わるので, ci を用いる。

riuscire a ～（～することに成功する）

 Riuscirò a superare l'esame ? ── Sì, ci riuscirai!
  僕は首尾よく試験に通るかな？ ── うまくいくよ！
 答えの文では a superare l'esame に代わるので, ci を用いる。

ne の用法をさらに詳しく

ne は「di +～」に代わりますが, 数や量に関する表現のみではありません。数や量に関する場合以外にも, ne はその代わりをします。

parlare di ～（～について話す）

 Parliamo di quell'argomento ? ── Sì, parliamone.
  その問題について話しましょうか。 ── ええ, 話しましょう。
 答えの文は, di quell'argomento に代わるので ne を用いる。

再帰動詞と ne をともに使う場合, 再帰代名詞が以下のように変わる。

 me ne / te ne / se ne / ce ne / ve ne / se ne

accorgersi di ～（～に気づく）

 Non se ne accorgono. 彼らはそのことに気づいていない。

練習問題

練習問題Ⓐ

1 次の受動態の文を，si を使った文に代えましょう。

1. In Giappone non viene mangiato il coniglio.
2. In Italia viene parlato solo l'italiano ?
3. Anche in Asia viene consumato molto petrolio.

2 次の文を，si を使った受動態の文にしましょう。

1. In Germania bevono tanta birra.
2. Usano il forno a microonde per preparare questo piatto.
3. Dove vendono un giornale italiano ?

練習問題Ⓑ

1 「人々は」あるいは「われわれは」で始まる次の文を，si を使った非人称の文にしましょう。

1. Qui la gente non deve fumare.
2. Noi non possiamo entrare dopo le sei.
3. Come dobbiamo fare per ottenere il visto ?

2 上の練習と同様に，「人々は」あるいは「われわれは」で始まる次の文を，si を使った非人称の文にしましょう。

1. La gente fa così quando entra in un negozio.
2. In Giappone diciamo così quando torniamo a casa.
3. Se vogliamo fare presto, dobbiamo fare così.

3 次の質問に，ci を使って指示通り答えましょう。

1. Stamattina Marco va all'università ? （Sì で答える）
2. I tuoi genitori vanno in vacanza in Europa ? （No で答える）
3. Sei mai stata in Italia ? （Sì で，1度あると答える）

4 次の質問に，ne を使って指示通り答えましょう。

    1. Quanti anni ha il figlio di Anna？（12歳）
    2. Quanto vino compri？（ボトル3本）
    3. I ragazzi mangiano gli spaghetti？（Sì で，たくさん）

練習問題Ⓒ

1 次の質問に，ci か ne を使って指示通り答えましょう。

    1. In questo inverno proverai a sciare？（Sì で答える）
    2. Credi ai fantasmi？（No で答える）
    3. Ti ricordi del suo indirizzo？（No で答える）

この課の新出単語

- ☐ Luna　月
- ☐ stella　星
- ☐ decina　約10
- ☐ immaginare　想像する
- ☐ coniglio　ウサギ
- ☐ petrolio　石油
- ☐ usare　使う
- ☐ ottenere　取得する
- ☐ Europa　ヨーロッパ
- ☐ stanotte　今夜
- ☐ puntuale　時間厳守の
- ☐ lasciare　（仕事を）辞める
- ☐ in contanti　現金で
- ☐ Asia　アジア
- ☐ consumare　消費する
- ☐ forno a microonde　電子レンジ
- ☐ visto　ビザ
- ☐ vacanza　休暇

「さらに詳しく」＋練習Ⓒの単語

- ☐ manifesto　ポスター
- ☐ acciaio　鋼，スチール
- ☐ futuro　将来
- ☐ sciare　スキーをする
- ☐ indirizzo　住所
- ☐ lastra　板
- ☐ campagna　田舎
- ☐ argomento　議題・問題
- ☐ fantasma　幽霊（-a だが 男）

EXTRA 9
非人称動詞と非人称構文

非人称動詞　　　　　　　　　　　　　　　　　CD95

行為者が存在しないので特定の主語がなく，主に3人称単数形のみが用いられる動詞。

piovere（雨が降る）　　**nevicare**（雪が降る）
Piove.　雨が降る（降っている）。　Nevica.　雪が降る（降っている）。

bastare（十分である）　　**importare**（重要である）
Basta.　もうたくさんだ。　Non importa.　たいしたことではない。

後ろに動詞の原形を伴い，「～することは…だ」の形になる。

bisognare（必要である）
Bisogna andarci subito.
すぐにそこに行く必要がある。

間接補語代名詞を伴って，「誰々にとっては～することが…だ」という意味を表す。一部の動詞では，後ろに伴う動詞に di を前置する。

capitare（起こる）
Mi capita spesso di dimenticare i nomi.
私には人の名前を忘れるのはよくあることだ。

非人称構文

以下のような構文で，行為者を特定することなく「～することは…だ」の意味を表す。

essere ＋形容詞＋動詞の原形

È **impossibile** partire oggi.　今日出発するのは不可能だ。
È **necessario** aiutarli.　彼らを助けることが必要だ。
È **meglio** tornare presto.　早く帰った方がいい。

さらに詳しく・・・

　非人称構文では，動詞の原形の部分に〈che＋接続法〉を用いて，行為者を明らかにした文にすることもできる。che の節の主語が行為者である。先の3つの文で，行為者を明らかに述べる場合は，以下のようになる。che の節の中の動詞が現在形と同じ形の場合もあるが，それも接続法である。(→第26課　接続法)

È **impossibile** che noi partiamo oggi.　(partiamo は接続法)
今日我々が出発するのは不可能だ。

È **necessario** che il governo li aiuti.
政府が彼らを助けることが必要だ。

È **meglio** che tu torni presto.　(torni は接続法)
君は早く帰った方がいい。

非人称動詞でも〈che＋主語＋接続法〉の構文で用いられるものがある。

Bisogna che tu ci vada subito.
君はすぐにそこに行く必要がある。

＊主節の形容詞によっては，従属節に接続法を用いず直説法を用いる。

È **sicuro** che lui mi ha detto delle bugie.
彼が私にうそをついたのは確かだ。

è **chiaro** che...　(…ということは明白だ)
è **vero** che...　(…ということは本当だ)

この課の新出単語

- dimenticare　忘れる
- governo　政府
- nome　男　名前
- bugia　うそ

Lezione 26 接続法

❖ この課のポイント ❖

- 接続法は，基本的には不確実なことがらを述べるための法である。そのことから，考え，推量，願望など，主観を表す動詞とともに用いられる。
- 例えば，「私は〜だと思う。」の「〜」の部分に接続法が使われる。そのときの接続詞は che。（用法その1）
- 特定の接続詞に導かれる従属節には，接続法が使われる。その接続詞は，「〜であるように」「〜であっても」などの意味を表す。（用法その2）
- 「さらに詳しく」では時制に注目し，接続法現在，接続法過去，接続法半過去，接続法大過去について学ぶ。

ターゲット

CD96

Penso che lui venga con la macchina.
彼は車で来ると思う。

Credo che lei abbia ragione.
彼女は正しいと私は信じている。

Parlerò piano perché tu capisca.
君がわかるようゆっくり話すようにするよ。

Benché sia cara, preferisco avere una casa in centro.
高くても，町なかに家を持つ方がいい。

文法ノート

接続法

接続法は，「私は～だと思う。」などのように，考え，推量，願望など，主観を表す動詞とともに使われる。～の部分が節であり，その節の中の動詞に接続法が用いられる。その活用形の語尾変化は以下の表の通り。

動詞の活用形の語尾変化（規則変化）

	-are	-ere	-ire
io	-i	-a	-a
tu	-i	-a	-a
lui	-i	-a	-a
lei, Lei	-i	-a	-a
noi	-iamo	-iamo	-iamo
voi	-iate	-iate	-iate
loro	-ino	-ano	-ano

命令形との比較

接続法の活用形は，命令形と共通する部分がある。

io, tu, lui, lei, Lei → Lei の命令形と同じ。
noi → 命令形の noi と同じ。即ち現在形と同じ。
voi → 命令形・現在形と違うので注意！　3動詞とも -iate となる。
loro → Loro の命令形と同じ。

isc 型の ire 動詞，また多くの不規則動詞の変化形も命令形と共通。
主語が io, tu, lui, lei, Lei の活用形は，Lei の命令形のつくり方を思い出すこと。現在形の主語が io の活用形の語尾を，-o から -a にする。

　例 finire : (finisco →) finisca
　　　 venire : (vengo →) venga

主な不規則動詞の活用形　　CD97

	essere	avere	andare	stare	fare	sapere
io, tu, lui, lei, Lei	sia	abbia	vada	stia	faccia	sappia
noi	siamo	abbiamo	andiamo	stiamo	facciamo	sappiamo
voi	siate	abbiate	andiate	stiate	facciate	sappiate
loro	siano	abbiano	vadano	stiano	facciano	sappiano

potere	dovere	volere
possa	debba (deva)	voglia
possiamo	dobbiamo	vogliamo
possiate	dobbiate	vogliate
possano	debbano (devano)	vogliano

ターゲット文も含め，接続法を使った文の用法を見ていきましょう。

接続法の用法その1

主観を表す次のような動詞とともに使われる。以下の〜の部分に当たる節（従属節または名詞節ともいう）の動詞に接続法を用いる。接続詞は che。

1)「〜だと思う，思っている」pensare
2)「〜だと信じる，信じている」credere
3)「〜であろうと望む，願う，（期待しつつ）思う」sperare

次のような動詞も同様。
- 4)「〜だと確信していない」non essere sicuro（形容詞 sicuro は主語の性数により語尾変化）
  ＊肯定文で「確信している」という場合は直説法を用いる。
- 5)「〜であろうと期待している」aspettarsi（再帰動詞）

囲まれた部分（従属節）の動詞が接続法となる。

1) Penso che lui **venga** con la macchina .（ターゲット文）
2) Credo che lei **abbia** ragione .（ターゲット文）
3) Spero che Lei **stia** bene .
   あなたは元気でおられることでしょう。

> **注意**
> ・考えや思いなど主観を表す動詞であっても，その内容を単に推測や未来のこととして述べるのなら，従属節に直説法未来を用いることもある。
>   Penso che lui verrà con la macchina.
> ・従属節の主語は省略されないことが多い。
> ・pensare などで主節の主語と従属節の主語が同じときは，違う文型の文になる（→「さらに詳しく」）。

接続法の用法その2

特定の接続詞に導かれる従属節の中で接続法が用いられる。囲まれた部分（従属節）の動詞が接続法となる。

接続法を使う接続詞
1)「〜であるように」perché, affinché
2)「たとえ〜であっても」benché
3)「〜にもかかわらず」nonostante

1) Parlerò piano perché tu **capisca**. （ターゲット文）
2) Benché **sia** cara, preferisco avere una casa in centro. （ターゲット文）
3) Nonostante **mangi** molto, Luigi non ingrassa mai.
   ルイージはたくさん食べるにもかかわらず決して太らない。

> **注意**
>
> perché は理由を表す接続詞でもある。理由を表す場合は，接続法でなく直説法を用いる。（→第14課　接続詞）
>   Parlerò piano perché gli studenti sono stranieri.
>   学生が外国人なので，ゆっくり話すことにしよう。

❗ さらに詳しく・・・

主語について

主節と従属節の主語に注目してみましょう。

Penso **che** lui venga con la macchina.
私は彼が車で来ると思う。
＊主節の主語：私　　従属節の主語：彼
　主節，従属節で主語が同一ではない　　→ **che** ＋接続法

ところが，主節の主語が「私」，従属節の主語も「私」の場合，つまり「私は車で来ようと思う。」という文は，以下のようになります。

Penso **di** venire con la macchina.
＊主節，従属節で主語が同一　→ che ＋接続法は使わない。
　　　　　　　　　　　　　　　　di ＋原形を用いる。

credere も同様。

Credo **che** lei abbia ragione.
私は彼女が正しいと信じている。

Credo **di** aver ragione. (aver = avere)
私は自分が正しいと信じている。

主節と従属節の時制—接続法現在と接続法過去

次に時制に注目してみましょう。従属節の行為が主節の動詞と同時か，それより前かによって時制が決まります。

Penso che lui **venga** con la macchina.
　(現在)　　　　(主節と同時)
　彼は車で来ると思う。

この時の従属節の動詞の時制を**接続法現在**という。
これまでの「接続法」の例文はすべて「接続法現在」である。

① <u>Penso</u> che lui **sia venuto** con la macchina.
　　（現在）　　　　　（主節より前）
　　彼は車で<u>来た</u>と<u>思う</u>。

この時の従属節の動詞の時制を**接続法過去**という。
＊接続法現在は単純時制（助動詞を用いない）であり，接続法過去は複合時制（助動詞を用いる）である。

接続法過去のつくり方

> avere または essere の接続法現在（主語に合わせる）＋過去分詞

avere と essere の使い分けは近過去の場合と同様。
essere の場合，過去分詞は主語の性・数に語尾を合わせる。

例　② Credo che i miei figli **abbiano mangiato** la torta.
　　　　子供たちがケーキを食べたのだと思う。

　　　③ Credo che i miei figli **siano andati** a scuola.
　　　　子供たちは学校に行ったのだと思う。

接続法半過去と接続法大過去

接続法には，その他接続法半過去と接続法大過去がある。

主節の動詞が半過去の場合　その1

　　Pensavo che lui **venisse** con la macchina.
　　（半過去）　　　　（主節と同時）
　　彼は車で来ると思っていた。

この時の従属節の動詞の時制を**接続法半過去**という。

接続法半過去の動詞の活用形の語尾変化

	-are	-ere	-ire
io	-assi	-essi	-issi
tu	-assi	-essi	-issi
lui	-asse	-esse	-isse
lei,Lei	-asse	-esse	-isse
noi	-assimo	-essimo	-issimo
voi	-aste	-este	-iste
loro	-assero	-essero	-issero

主な不規則動詞の活用形

- essere　fossi / fossi / fosse / fossimo / foste / fossero
- fare　　facessi / facessi / facesse / facessimo / faceste / facessero
- stare　　stessi / stessi / stesse / stessimo / steste / stessero
- sapere　sapessi / sapessi / sapesse / sapessimo / sapeste / sapessero

avere, andare, venire は上記の規則変化表どおり活用する。

主節の動詞が半過去の場合　その2

①' Pensavo che lui **fosse venuto** con la macchina.
　　　（半過去）　　　　　（主節より前）
　彼は車で来たと思っていた。

この時の従属節の動詞の時制を**接続法大過去**という。

＊接続法半過去は単純時制であり，接続法大過去は複合時制である。

接続法大過去のつくり方

avere または essere の接続法半過去（主語に合わせる）＋過去分詞

avere と essere の使い分けは近過去の場合と同様。
essere の場合，過去分詞は主語の性・数に語尾を合わせる。

例
②' Credevo che i miei figli **avessero mangiato** la torta.
　　子供たちがケーキを食べたのだと思っていた。

③' Credevo che i miei figli **fossero andati** a scuola.
　　子供たちは学校に行ったのだと思っていた。

①'②'③' の文を，①②③（p.235）の文と比較してみましょう。
①'②'③'—主節が半過去，従属節が接続法大過去。
① ② ③ —主節が現在，従属節が接続法過去。
このように，①'②'③'の文は，それぞれ①②③の文に対して主節が前の時制であり，それに合わせて従属節も古い時制にスライドしているといえます。

> **注意**
> この構文では，主節の主観を表す動詞が半過去のとき，従属節の内容は"実際はそうではない（なかった）ことを表す場合が多い。上の文では，①'「実際は彼は車で来なかった。」②'「ケーキを食べたのは子供たちではなかった。」③'「子供たちはじつは学校には行っていなかった。」という事実が暗に含まれていると解釈される。

接続詞が導く従属節の中で（「現在」以外の接続法の時制）

文法ノートの「接続詞の用法その2」で学んだように，特定の接続詞に導かれる従属節の動詞は接続法が用いられる。これにも，接続法現在だけではなく，接続法半過去，接続法過去，接続法大過去がある。その場合，1) 2) 4) の文のように，主節は過去時制であることが多い。ただし，3) の文のように，主節が現在で従属節に接続法過去が用いられることもしばしばある。

1) Benché <u>fosse</u> cara, preferivo avere una casa in centro.
　　高くても，町なかに家を持つ方がよかった。（接続法半過去）

2) Nonostante <u>mangiasse</u> molto, Luigi non ingrassava mai.
　　ルイージはたくさん食べるのに決して太らなかった。（接続法半過去）

3) Nonostante <u>abbia mangiato</u> molto, ho ancora fame.
　　たくさん食べたのにまだお腹がすいている。（接続法過去）

4) Nonostante <u>avessi mangiato</u> molto, alle tre avevo già fame.
　　たくさん食べたのに3時にはもうお腹がすいていた。（接続法大過去）

✓ 練習問題

練習問題Ⓐ

1 次の文を，「思う」「信じる」「望む」などの内容の節として書き換えましょう。節の中の主語はすべてつけます。

　　1. Lei è cinese.（「私は思っている」の文に）
　　2. Lui sa la verità.（「私は信じている」の文に）
　　3. Stanno bene i tuoi genitori.（「私は望んでいる」の文に）

2 次の文を，「思う」「信じる」「望む」などの内容の節として書き換えましょう。節の中の主語はすべてつけます。

　　1. Noi siamo cinesi.（「彼らは思っている」の文に）
　　2. Voi sapete la verità.（「その刑事（l'agente）は信じている」の文に）
　　3. Sta bene sua nonna.（「私たちは望んでいる」の文に）

練習問題Ⓑ

1 次の2文を，接続詞を使って1文にしましょう。

　　1. affinché を使って
　　　a) Lei apre la finestra.
　　　b) Entra un po' d'aria fresca.

2. perché を使って
   a) La mamma canta la ninnananna.
   b) Il bambino può dormire bene.

3. nonostante を使って
   a) Devo restare in ufficio.
   b) Sono malato.

練習問題Ⓒ

1 次の文を,「思う」「信じる」「望む」などの内容の節として書き換えましょう。

1. Gli studenti sono già andati via.（「先生は思う」の文に）
2. Maria è arrivata a Milano in tempo.（「私たちは望む」の文に）
3. Lui ha capito quello che gli ho detto.（「私は信じない」の文に）

2 次の文を,「思う」「信じる」「望む」などの内容の節として書き換えましょう。「思っていた」など主節の時制にも注意しましょう。

1. Il suo fidanzato è francese.（「私は思っていた」の文に）
2. Sai cucinare bene.（「私は確信してはいなかった」の文に）
3. Hai un appuntamento.（「私は思っていなかった」の文に）
4. Il loro figlio va all'università.（「彼らは期待していた」の文に）

3 次の文を,「信じる」「望む」などの内容の節として書き換えましょう。「信じていた」など主節の時制にも注意しましょう。

1. Luigi ha scritto un tema interessante.
   （「彼らは信じてはいなかった」の文に）
2. I miei studenti sono venuti alla lezione.
   （「私は期待してはいなかった」の文に）
3. Mio fratello ha superato gli esami.
   （「私の両親は信じていた」の文に）
4. Il criminale（犯人）è scappato all'estero.
   （「警察（la polizia）は思っていた」の文に）

5. I colleghi（同僚）hanno finito tutto il lavoro.
（「私たちは望んでいた」の文に）

4 次の2文を，接続詞を使って1文にしましょう。練習B-1で出てきた文ですが，a)の文が過去時制になっているので注意すること。

1. affinché を使って
  a) Lei <u>ha aperto</u> la finestra.
  b) Entra un po' d'aria fresca.

2. perché を使って
  a) La mamma <u>cantava</u> la ninnananna.
  b) Il bambino può dormire bene.

3. nonostante を使って
  a) <u>Dovevo</u> restare in ufficio.
  b) Sono malato.

⚠️ 動詞のまとめ・その3（pp.241-242）その4（p.252）を読みましょう。

この課の新出単語

- ☐ avere ragione　正しい
- ☐ caro　（値段が）高い
- ☐ essere sicuro　確信している
- ☐ ingrassare　太る
- ☐ agente　男女 刑事
- ☐ fresco　新鮮な
- ☐ malato　病気である 形
- ☐ piano　ゆっくりと
- ☐ sperare　希望する
- ☐ aspettarsi　期待している
- ☐ verità　真実
- ☐ aria　空気
- ☐ ninnananna　子守唄
- ☐ restare　残る

「さらに詳しく」＋練習Ⓒの単語

- ☐ criminale　男女 犯人
- ☐ scappare　逃げる
- ☐ collega　男女 同僚（colleghi 男複）

動詞のまとめ・その3

❖「時制」の観点から見てみよう② ❖

ここでは接続法を時制の観点から詳しく見てみましょう。

接続法を用いる文の時制

「私は〜だと思う」など考えや思いを表す文では，「私は思う」の部分が主節，「〜だ」の部分が従属節である。主節と従属節の動詞の時制は，以下のような関係になる。

主節が直説法現在

1) 彼は車で来ると思う。

　　Penso che lui venga con la macchina.
　　（現在）　　　（主節と同時・後）

　　　主節：直説法現在　　　従属節：接続法現在

2) 彼は車で来たと思う。

　　Penso che lui sia venuto con la macchina.
　　（現在）　　　（主節より前）

　　　主節：直説法現在　　　従属節：接続法過去

3) 彼は車で来ると思う。

　　Penso che lui verrà con la macchina.
　　（現在）　　　（主節と同時・後）

　　　主節：直説法現在　　　従属節：直説法未来

従属節の内容が主節より後か，または推測の要素が強い場合などは，未来形がよく用いられる。未来に接続法はなく，直説法未来である。

動詞のまとめ・その3　241

主節が直説法半過去

1) 彼は車で来ると思っていた。

    <u>Pensavo</u> che lui <u>venisse</u> con la macchina.
    （半過去）　　　　（主節と同時）

      主節：直説法半過去　　従属節：接続法半過去

2) 彼は車で来たと思っていた。

    <u>Pensavo</u> che lui <u>fosse venuto</u> con la macchina.
    （半過去）　　　　　（主節より前）

      主節：直説法半過去　　従属節：接続法大過去

このほか，主節が直説法近過去，あるいは遠過去の形もある。その場合，従属節は主節が直説法半過去の場合と同じ。遠過去については，EXTRA 10 に記載。

1) <u>Ho pensato</u> (<u>Pensai</u>) che lui <u>venisse</u> con la macchina.

2) <u>Ho pensato</u> (<u>Pensai</u>) che lui <u>fosse venuto</u> con la macchina.

意味の上でも，それぞれ主節が直説法半過去の場合の1）2）と大きくは変わらないが，多少ニュアンスの違いがある。

Lezione 27 条件法

❖ この課のポイント ❖

- 条件法とは，基本的には何らかの条件のもとでの可能性を述べる表現である。その「何らかの条件」とは，明記されてない場合も多い。
- 直説法が事実を述べるのに用いられ，また断定的なニュアンスを持つのに対し，条件法は，推測の範囲内で述べたり，またいくぶん迷いの気持ちがあることを示す。
- したがって，要求や意見を控えめに言ったり，推測して言うときに，条件法がよく用いられる。
- 「さらに詳しく」では，時制の観点から条件法現在と条件法過去の用法を考察する。条件法過去は，"過去における未来"に用いられる。
- 条件法は，仮定文の結果の節に使われる。（→第28課　仮定文）

ターゲット

CD98

Vorrei delle vongole freschissime.
とびきり新鮮なあさりが欲しいのですが。
＊delle は部分冠詞。（→第2課　名詞「さらに詳しく」）

Vorrei prenotare una camera singola.
シングル1部屋予約をお願いしたいのですが。

Mio fratello non **farebbe** così.
兄さんならそんなふうにはしないだろう。

文法ノート

条件法の活用形

-are と -ere の変化は全く同じ。-ire も i を除く部分が他の2つと共通である。-rei / -resti / -rebbe / -remmo / -reste / -rebbero が共通する部分である。

動詞の活用形の語尾変化（規則変化）

	-are	-ere	-ire
io	-erei	-erei	-irei
tu	-eresti	-eresti	-iresti
lui / lei, Lei	-erebbe	-erebbe	-irebbe
noi	-eremmo	-eremmo	-iremmo
voi	-ereste	-ereste	-ireste
loro	-erebbero	-erebbero	-irebbero

＊ mangiare は mangerei となる。mangierei ではない。
giocare は giocherei，pagare は pagherei というように発音の関係で h が入る。

主な不規則変化の活用形

io の活用形が基本となるので正確に覚えること。変化自体は規則的。
-rei / -resti / -rebbe / -remmo / -reste / -rebbero が共通する部分である。

> **注意**
> 語幹は未来形と共通する部分が多い。

volere　vorrei / vorresti / vorrebbe / vorremmo / vorreste / vorrebbero
（同型に venire〈verrei〉など）

avere	avrei / avresti / avrebbe / avremmo / avreste / avrebbero

（同型に dovere〈dovrei〉, potere〈potrei〉, vedere〈vedrei〉, sapere〈saprei〉 など）

fare	farei / faresti / farebbe / faremmo / fareste / farebbero

（同型に stare〈starei〉, dare〈darei〉 など）

essere	sarei / saresti / sarebbe / saremmo / sareste / sarebbero

＊essere は語幹が原形と違うので注意が必要。未来形と同じ語幹。

条件法の用法

　ターゲット文の条件法を詳しく見てみましょう。直説法とどうニュアンスが違うでしょうか。

条件法　**Vorrei delle vongole freschissime.**　（ターゲット文）
〈店にあって買えるのなら欲しい。〉

直説法　**Voglio delle vongole freschissime.**
〈とにかく自分は欲しくて手に入れたい。〉

条件法　**Vorrei prenotare una camera singola.**（ターゲット文）
〈部屋があって予約ができるのならしたい。〉

直説法　**Voglio prenotare una camera singola.**
〈とにかく自分は予約したい。〉

　以上のように，直説法は，とくに親しくもない他人に向かって要求を述べるのには，常識的にはふさわしくない表現であることがわかります。そのことから，買い物・注文（確実に売っているとわかっている場合でも）を初めとする要求や，意見を述べる場合は，丁寧なニュアンスのある条件法がよく使われるのです。

もう1つ，違いを見てみましょう。

条件法	Mio fratello non farebbe così. （ターゲット文）

〈兄の行動パターンを知っていて，「兄ならば」と推測している。〉

直説法現在	Mio fratello non fa così.

〈それが事実である，あるいは確信があるので断定している。〉

直説法未来	Mio fratello non farà così.

〈単なる予測，推測。〉

　直説法未来も推測を表すが，条件法とはニュアンスが異なる。条件法は，推測の根拠となる前提条件が含まれることを暗に示している。

❗ さらに詳しく・・・

条件法現在と条件法過去

　条件法の時制に注目してみましょう。これまで学習した条件法は**条件法現在**です。ほかに**条件法過去**があります。条件法現在は単純時制であり，条件法過去は助動詞を用いる複合時制です。

条件法過去のつくり方

> avere または essere の条件法現在（主語に合わせる）＋過去分詞

　avere と essere の使い分けは近過去の場合と同様。
　essere の場合，過去分詞は語尾を主語の性・数に合わせる。

条件法現在	現在における推測。

　　　Mio fratello non farebbe così. （ターゲット文）

条件法過去	過去のある時点での出来事についての推測。

　　　Mio fratello non avrebbe fatto così.
　　　　兄さんならそんなふうにはしなかっただろう。

条件法過去 ―「過去における未来」

　過去のある時点（次の文では，彼が私に言った時点）において未来の予定だった内容に，条件法過去を用いる。

　　Mi ha detto che sua sorella non sarebbe venuta.
　　　彼は私に，妹は来ないだろうと言った。

　ただし現在から見てもまだ未来の予定である内容は，未来形を用いる。

　　Mi ha detto che sua sorella non verrà.
　　　彼は私に，妹は来ないだろうと言った。

仮定文における条件法

　ある種類の仮定文の中では条件法が使われます。詳しくは第28課の「仮定文」のターゲット文および文法ノートの3），「さらに詳しく」の2つの文についての説明を参照してください。ここでは用例のみを挙げます。

　　Se fossi ricco,　　　sarei felice.
　　　（接続法半過去）　　（条件法現在）
　　　もし金持ちだったら幸せだろうなあ。

　　Se mio nonno fosse stato ricco, sarebbe stato felice.
　　　　　　　　　（接続法大過去）　　　（条件法過去）
　　　おじいさんは，もし金持ちだったら幸せだっただろうに。

> **注意**
> 上の例のように，仮定文の中では主節の方に条件法が使われる。se の節は「条件節」と呼ばれるが，条件節に条件法を使うのではない。

mi piacerebbe の用法

　mi piacerebbe は mi piace の条件法ですが，用法に注意を要します。

　　Mi piacerebbe aiutare quell'amico.
　　　あの友人を手助けしたいのだが。

この文では，望んでいても実際にはできないだろうというニュアンスが加わる場合があります。希望を控えめに言うだけでなく，さまざまなニュアンスで用いられる表現なので，注意が必要です。

練習問題

練習問題Ⓐ

1 次の内容を丁寧な言い方で依頼する文をつくりましょう。

1. provare le scarpe in vetrina
2. avere informazioni sull'iscrizione
3. finire il lavoro prima. Ho un po' di febbre.

2 日本語のニュアンスに合わせて，次の内容を条件法を使って表現しましょう。主語はいずれも「私」とします。

1. もう少し食べようかなあ。
   mangiare un po' di più
2. 今夜は1杯ぐらい飲んでもいいかなあ。
   stasera prendere un bicchiere di vino
3. そこにわざわざ行こうとは思わないよなあ。
   non - andarci apposta

3 日本語のニュアンスに合わせて，次の内容を条件法を使って表現しましょう。主語は **3.** のみ「君」，他は「私」です。

1. 試験のためにもっと勉強しないといけないんだけどなあ。
   dovere studiare di più per gli esami
2. 自分で料理してもいいんだけれど…。
   potere anche cucinare da solo
3. 君はたばこをやめないといけないんじゃないの。
   dovere smettere di fumare

練習問題Ⓑ

1. 次の文を，「〜ならば…のはずだ。」と推測して述べる文に書き換えましょう。

    1. In Italia non si fa così.
    2. I giovani non comprano questo tipo di macchina fotografica.
    3. Un'attrice non si veste in quella maniera.

練習問題Ⓒ

1. 次の文を，「〜ならば…だったはずだ。」と過去の事を推測する文に書き換えましょう。

    1. Un giocatore più bravo segna un gol.
    2. Mio figlio non va lì da solo.
    3. Delle bambine così piccole non escono alle nove di sera.

動詞のまとめ・その4（p.251）を読みましょう。

この課の新出単語

- □ prenotare　予約する
- □ vetrina　ショーウィンドー
- □ informazione 囡　情報・インフォメーション
- □ iscrizione 囡　登録
- □ apposta　わざわざ・わざと
- □ smettere　やめる
- □ macchina fotografica　カメラ
- □ singolo　シングルの
- □ prima　前に
- □ da solo　自分で，ひとりで（語尾変化あり）
- □ tipo　タイプ
- □ maniera　やり方

「さらに詳しく」＋練習Ⓒの単語

- □ felice　幸せな
- □ segnare un gol　ゴールを決める
- □ segnare　印をつける

動詞のまとめ・その4

❖ 語尾変化について見てみよう ❖

さまざまな動詞の活用形を覚えるのは大変なことのように思われます。しかし，語尾変化については，規則動詞・不規則動詞を問わず，すべての動詞に共通する部分があったり，何らかの規則性があったりします。それらの点に注意して，語尾変化を正確に効率よく覚えるようにしましょう。

直説法現在（io から順に）

以下は規則動詞の語尾変化である。不規則動詞については第8，9課参照。

-are：-o,　　-i,　　-a,　　-iamo, -ate, -ano
-ere：-o,　　-i,　　-e,　　-iamo, -ete, -ono
-ire：-o,　　-i,　　-e,　　-iamo, -ite, -ono
　　　-isco, -isci, -isce, -iamo, -ite, -iscono

半過去（直説法半過去）

語尾変化に規則動詞，不規則動詞両方に共通する部分がある。
3つの規則動詞や個々の不規則動詞の正確な活用については，第19課「半過去」を見ること。

語尾の共通部分（io から順に）：-vo, -vi, -va, -vamo, -vate, -vano

例　parlare：parlavo, parlavi, parlava,
　　　　　　　parlavamo, parlavate, parlavano
　　venire：venivo, venivi, veniva,
　　　　　　　venivamo, venivate, venivano
　　fare　：facevo, facevi, faceva,
　　　　　　　facevamo, facevate, facevano

未来形（直説法未来）

語尾変化に規則動詞，不規則動詞両方に共通する部分がある。

3つの規則動詞や個々の不規則動詞の正確な活用については，第20課「未来形」を見ること。

語尾の共通部分（io から順に）：-rò, -rai, -rà, -remo, -rete, -ranno

例 parlare ：parle**rò**, parle**rai**, parle**rà**,
parle**remo**, parle**rete**, parle**ranno**

venire ：ver**rò**, ver**rai**, ver**rà**,
ver**remo**, ver**rete**, ver**ranno**

fare ：fa**rò**, fa**rai**, fa**rà**,
fa**remo**, fa**rete**, fa**ranno**

条件法現在

語尾変化に規則動詞，不規則動詞両方に共通する部分がある。

3つの規則動詞や個々の不規則動詞の正確な活用については，第27課「条件法」を見ること。いずれの動詞も語幹は未来形の語幹と共通する。

語尾の共通部分（io から順に）：-rei, -resti, -rebbe, -remmo, -reste, -rebbero

例 parlare ：parle**rei**, parle**resti**, parle**rebbe**,
parle**remmo**, parle**reste**, parle**rebbero**

venire ：ver**rei**, ver**resti**, ver**rebbe**,
ver**remmo**, ver**reste**, ver**rebbero**

fare ：fa**rei**, fa**resti**, fa**rebbe**,
fa**remmo**, fa**reste**, fa**rebbero**

接続法現在（io から順に）

　以下は規則動詞の語尾変化である。不規則変化については第26課「接続法」参照。いずれの動詞も単数は同形。

-**are**：-i,　　-i,　　-i,　　-iamo, -iate, -ino
-**ere**：-a,　　-a,　　-a,　　-iamo, -iate, -ano
-**ire**：-a,　　-a,　　-a,　　-iamo, -iate, -ano
　　　　-isca, -isca, -isca, -iamo, -iate, -iscano

接続法半過去（io から順に）

　以下は規則動詞の語尾変化である。不規則変化については第26課「接続法」参照。いずれの動詞も，１人称単数と２人称単数が同形。

-**are**：-assi, -assi, -asse, -assimo, -aste, -assero
-**ere**：-essi, -essi, -esse, -essimo, -este, -essero
-**ire**：-issi, -issi, -isse, -issimo, -iste, -issero

Lezione 28 仮定文

❖ **この課のポイント** ❖

- 仮定文には，2つの基本的なパターンがある。すなわち，
  ①現在あり得ること（でき得ること）を仮定して，その結果を述べる。
  ②実際そうでないことや不可能なこと，あり得ないことを仮定して，その結果を推測して述べる。
- 仮定文は，〈se ＋条件節〉と，主節（結果の節）から成り立つ。
- 条件節と主節の時制が重要である。直説法のほか，条件節では接続法，主節では条件法を用いる仮定文がある。
- 「さらに詳しく」では，より複雑な仮定文について学ぶ。

ターゲット

Se piove, non esco.
雨が降ったら出かけない。

Se domani **pioverà**, non uscirò.
明日雨が降ったら出かけるのはよそう。

Se fossi più giovane, andrei all'estero.
もっと若ければ海外に行くのだけど。

文法ノート

仮定文の用法

ターゲット文で仮定文の構文を見てみましょう。

1) 現在あり得ることを仮定して，その結果を述べる。

　　　Se piove,　　　non esco.　　　（ターゲット文）
　　　（直説法現在）　（直説法現在）

2) 先のことであれば，直説法未来も用いられる。とくに，意志を表すときには主節に未来形を用いることが多い。

　　　Se domani pioverà,　non uscirò.　（ターゲット文）
　　　（直説法未来）　　　　（直説法未来）

3) 実際そうでないことや不可能なこと，あり得ないことを仮定して，「もし仮にそうだったらどうか」を推測して述べる。

　　　Se fossi più giovane,　andrei all'estero.
　　　（接続法半過去）　　　　（条件法現在）　　（ターゲット文）

3) の文のように，実際あり得ないことを仮定する仮定文では，条件節に接続法半過去，結果の節に条件法現在を用いる。

さらに詳しく・・・

実際にはすでに起こってしまった出来事について，「もしもあの時…だったら」と仮定する文を見てみましょう。

過去にすでにあった事実についてそれに反する仮定をして、「もし《あの時》…だったら、《今》〜だろうに。」と推測して述べる。

Se lui non <u>avesse lasciato</u> il lavoro, ora <u>sarebbe</u> il direttore.
　　　　　　（接続法大過去）　　　　　　　　（条件法現在）
彼はもし仕事を辞めていなかったら、今頃は部長だろうに。

過去の事実に反する仮定をして、「もし《あの時》…だったら、《あの時》〜だったのに。」と推測して述べる。

Se lui non <u>avesse lasciato</u> il lavoro, <u>avrebbe comprato</u>
　　　　　　（接続法大過去）　　　　　　　　　　（条件法過去）
quella casa.
彼はもし仕事を辞めていなかったら、あの家を買っていただろう。

練習問題

練習問題⑧

1 次の内容の仮定の節と結果の節を組み合わせて、仮定文をつくりましょう。**1. 2.** は現在あり得ることの仮定、**3. 4.** は未来にあり得ることの仮定とします。

　1.（君はあのカフェにいけばいつでも彼女に会えるよ。）
　　andare a quel caffè ／ trovarla sempre
　2.（2つ買えば1割負けてくれますか？）
　　comprarne due ／ farmi uno sconto del dieci percento?
　3.（あなたが今夜遅くなるなら晩御飯は作らないわよ。）
　　stasera tornare tardi ／ non cucinare per cena
　4.（たばこをやめないならいつかきっと病気になるぞ。）
　　non smettere di fumare ／ un giorno ammalarti

2 次の内容の仮定の節と結果の節を組み合わせて，仮定文をつくりましょう。実際にはあり得ないことの仮定とします。

1.（僕が君だったら，提案を受け入れるだろう。）
essere in te / accettare la proposta

2.（イタリアに行けるのならもっと勉強するんだけどなあ。）
potere andare in Italia / studiare molto

3.（君がプロにでもなりたいのなら学校に入らないといけないが。）
tu / volere diventare professionista // dovere studiare a scuola

3 次の内容の仮定の節と結果の節を組み合わせて，仮定文をつくりましょう。実際にはあり得ないことの仮定とします。

1.（海がこんなに荒れていなければ私たちは海水浴ができるのに。）
il mare / essere poco mosso // potere fare il bagno

2.（あのマンションがもう少し安ければ弟は買えるのに。）
quell'appartamento / costare un po' meno // mio fratello / potere comprarlo

3.（社員たちがコンピュータを使えたらわれわれは仕事を早く終えられるのに。）
gli impiegati / sapere usare il computer // noi（省略）/ potere finire il lavoro prima

練習問題Ⓒ

1 次の内容の仮定の節と結果の節を組み合わせて，仮定文をつくりましょう。**1.** は「もし（あの時）…だったら，（今）〜だろうに。」，**2.** は「もし（あの時）…だったら，（あの時）〜だったのに。」と推測して述べる表現とします。

1.（もしあの時宝くじに当たっていれば，今頃は億万長者なんだが。）
allora vincere la lotteria / essere miliardario

2.（もし車がよくチェックされていれば＝彼らがしていれば，あの事故は起きなかったのではないか。）

controllare meglio la macchina / non succedere quell'incidente

この課の新出単語

- ☐ trovare　見つける・会う
- ☐ percento　パーセント
- ☐ diventare　なる
- ☐ mosso　（海が）荒れた
- ☐ computer 男　コンピューター
- ☐ fare uno sconto　値引きする
- ☐ ammalarsi　病気になる
- ☐ professionista 男 女　プロ・プロ選手
- ☐ fare il bagno　海水浴をする

「さらに詳しく」＋練習Ⓒの単語

- ☐ direttore / direttrice　部長
- ☐ allora　当時
- ☐ controllare　点検する
- ☐ incidente 男　事故
- ☐ lotteria　宝くじ
- ☐ miliardario　億万長者
- ☐ succedere　起こる

EXTRA 10
遠過去

　すでに終わっている過去のことがらを表すには近過去を用いますが，もう1つ，「遠過去」という時制があります。特徴を見てみましょう。
- 遠過去は文章語に用いられる。日常会話にはあまり用いられない。
- 歴史的事実や，現在とは心理的にかかわりのない過去のことがらを表す。
- 小説でよく用いられる。登場人物の行為などを表す。

動詞の活用

規則形（語尾変化）

	-are	-ere	-ire
io	-ai	-ei / -etti	-ii
tu	-asti	-esti	-isti
lui / lei, Lei	-ò	-é / -ette	-ì
noi	-ammo	-emmo	-immo
voi	-aste	-este	-iste
loro	-arono	-erono / -ettero	-irono

　-ere 動詞では，主語が io，lui / lei，loro のとき，活用形が2通りある。

不規則形：-ere 動詞をはじめとして多数ある。

	avere	essere	dire	fare
io	ebbi	fui	dissi	feci
tu	avesti	fosti	dicesti	facesti
lui / lei, Lei	ebbe	fu	disse	fece
noi	avemmo	fummo	dicemmo	facemmo
voi	aveste	foste	diceste	faceste
loro	ebbero	furono	dissero	fecero

Tutti i turisti **andarono** via. すべての観光客は去った。

La Seconda Guerra Mondiale **finì** nel 1945.
第2次世界大戦は1945年に終結した。

＊小説の中では，遠過去と半過去が併用されることがよくある。

Quando la mamma **morì** tu avevi venticinque giorni.
お母さんが死んだとき，おまえは生後25日だった。
("Cronaca familiare" Vasco Pratolini『家族日誌』ヴァスコ・プラトリーニ)

Quando **si svegliò**, si sentivano i grilli.
彼が目覚めたとき，こおろぎの声が聞こえていた。
("L'uomo e il cane" Carlo Cassola『人間と犬』カルロ・カッソーラ)

＊おおむね小説では，時制の用法は次のようになる。
地（ナレーション，叙述）の部分：遠過去，半過去
せりふの部分：現在，近過去，半過去，未来など。

—— No, non l'ammetto, —— **rispose** lei, e Marcovaldo già se l'aspettava.

—— Perché non l'ammetti ?

—— Non l'ammetterò mai.

「認めないわ。」彼女は答えた。マルコヴァルドはその答えを予想していた。「なんで認めないんだ。」「絶対認めるもんですか。」
(不規則 rispose ← rispondere)
("Marcovaldo" Italo Calvino『マルコヴァルド』イタロ・カルヴィーノ)

この課の新出単語

- ☐ temere 恐れる   ☐ andare via 去る
- ☐ la Seconda Guerra Mondiale 第2次世界大戦
- ☐ grillo こおろぎ   ☐ ammettere 認める

遠過去

EXTRA 11
先立過去

　現代の話し言葉ではほとんど使われない時制です。以下のような特徴があります。
- 主節が遠過去の文の，従属節の中で用いられる。
- その従属節は，**dopo che** または **appena** などの接続詞に導かれる。
- 主節との関係：主節の動詞の直前に完了した行為・動作を表す。

先立過去のつくり方

　　　avere または essere の遠過去（主語に合わせる）＋過去分詞

avere と essere の使い分けは近過去の場合と同様。
essere の場合，過去分詞の語尾は主語の性・数に合わせる。

　Appena **furono scesi** dalla macchina, si misero a correre.
　　彼らは車を降りるや否や走り出した。

　Dopo che **ebbe chiuso** la porta, cominciò a piangere.
　　彼はドアを閉めると泣き出した。

　＊ appena（〜するや否や）は，non appena となる場合もある。
　　その場合の non は冗語（意味を持たない語）。

この課の新出単語
- appena　〜するや否や
- scendere – sceso　降りる
- correre　走る

解　答　編

p.12　**Lezione 1　文字と発音**

練習問題の解答はＣＤに収録。

p.19　**Lezione 2　名詞**

Ⓐ1　1. una rivista　2. un ragazzo　3. un giornale　4. un libro　5. una ragazza　6. una chiave

Ⓐ2　1. riviste　2. ragazzi　3. giornali　4. libri　5. ragazze　6. chiavi

Ⓑ1　1. una penna　2. un quaderno　3. una casa　4. una borsa　5. un dizionario　6. un fiore

Ⓑ2　1. penne　2. quaderni　3. case　4. borse　5. dizionari　6. fiori

Ⓑ3　1. Un gelato, per favore.　2. Un tramezzino, per favore.　3. Un panino, per favore.　4. Una pizza, per favore.　5. Una pasta, per favore.

Ⓑ4　1. Un cappuccino e un panino, per favore.　2. Un gelato e un tramezzino, per favore.　3. Un caffè e una pasta, per favore.　4. Un tè e una pizza, per favore.

Ⓑ5　①　1. Due cappuccini e due panini, per favore.　2. Due gelati e due tramezzini, per favore.　3. Due caffè e due paste, per favore.　4. Due tè e due pizze, per favore.

②　1. Un cappuccino e due panini, per favore.　2. Un gelato e due tramezzini, per favore.　3. Un caffè e due paste, per favore.　4. Un tè e due pizze, per favore.

p.29　**Lezione 3　形容詞**

Ⓐ1　1. un giornale giapponese　2. una rivista giapponese　3. una macchina giapponese　4. una macchina coreana　5. un dizionario coreano

Ⓐ2　スタートの句　due giornali italiani　1. due giornali giapponesi　2. due riviste giapponesi　3. due macchine giapponesi　4. due macchine coreane　5. due dizionari coreani

261

Ⓐ3　**1.** Paolo è italiano.　**2.** Paolo è spagnolo.　**3.** Luisa è spagnola.　**4.** Luisa è tedesca.　**5.** Luisa è francese.

Ⓐ4　**1.** Anna e Marco sono italiani.　**2.** Anna e Marco sono inglesi.　**3.** Carla e Lucia sono inglesi.　**4.** Carla e Lucia sono tedesche.　**5.** Carla e Franco sono tedeschi.

Ⓑ1　①　**1.** scarpe italiane　**2.** pantaloni italiani　**3.** occhiali italiani　**4.** spaghetti italiani
　　②　**1.** scarpe giapponesi　**2.** pantaloni giapponesi　**3.** occhiali giapponesi　**4.** spaghetti giapponesi

Ⓒ1　**1.** tanto vino　**2.** tanti libri　**3.** tanti fiori　**4.** tanta verdura　**5.** tante patate　**6.** tanta birra

Lezione 4　主語，動詞 essere，「〜がある」の文

Ⓐ1　**1.**① Lei è sportiva.　② Siamo sportivi.　③ Loro sono sportivi.　④ Loro sono sportive.　**2.**① Sei giapponese ?　② Siamo giapponesi.　③ Siete giapponesi ?　④ Loro sono giapponesi.　**3.**① Lei è italiana.　② Sei italiano ?　③ Siete italiane ?　④ Lucia e Carla sono italiane.

Ⓑ1　**1.** Sì, è italiana. / No, non è italiana. (Lei) è spagnola.　**2.** Sì, è molto gentile. / No, non è gentile.　**3.** Sì, è molto buono. / No, non è molto buono.　**4.** Sì, sono molto buoni. / No, non sono molto buoni.

Ⓑ2　**1.** Sei giapponese ?　——Sì, sono uno studente giapponese.　**2.** Sei coreana ?　——Sì, sono una studentessa coreana.　**3.** Lui è italiano ?　——Sì, è un giocatore di calcio italiano.　**4.** Lei è cinese ?　——Sì, è un'attrice cinese.

Ⓑ3　①　**1.** C'è un libro italiano.　**2.** C'è un giornale inglese.　**3.** C'è uno studente giapponese.
　　②　**1.** Ci sono due libri italiani.　**2.** Ci sono due giornali inglesi.　**3.** Ci sono due studenti giapponesi.

Ⓑ4　**1.** Sei stanco ?　——Sì, sono molto stanco. / No, non sono stanco.　**2.** Lei è simpatica ?　——Sì, è molto simpatica. / No, non è molto simpatica.　**3.** Siete stanche ?　——Sì, siamo molto stanche. / No, non siamo stanche.　**4.** Loro sono simpatici ?　——Sì, sono molto simpatici.　/　No, non sono molto simpatici.

p.46

Lezione 5　定冠詞，指示語，所有形容詞

Ⓐ1　①　1. la rivista　2. l'ombrello　3. la camicia　4. la studentessa　5. lo studente

　②　1. le riviste　2. gli ombrelli　3. le camicie（camice ではない）　4. le studentesse　5. gli studenti

Ⓐ2　1. le scarpe　2. gli occhiali　3. i guanti　4. i pantaloni　5. gli spaghetti

Ⓐ3　①　Che cosa è questo ?　1. Questa è una rivista italiana.　2. Questa è una rivista giapponese.　3. Questa è una macchina giapponese.　4. Questa è una macchina coreana.　5. Questo è un dizionario coreano.

　②　1. Questa giacca è italiana.　2. Questo abito è italiano.　3. Questa cravatta è italiana.　4. Questa cravatta è giapponese.　5. Questo cappotto è giapponese.

Ⓑ1　①　Questi sono giornali italiani.　1. Queste sono riviste italiane.　2. Queste sono riviste giapponesi.　3. Queste sono macchine giapponesi.　4. Queste sono macchine coreane.　5. Questi sono dizionari coreani.

　②　Queste giacche sono francesi.　1. Queste giacche sono italiane.　2. Questi abiti sono italiani.　3. Queste cravatte sono italiane.　4. Queste cravatte sono giapponesi.　5. Questi cappotti sono giapponesi.

Ⓑ2　1. Qui c'è una chiave.　——Questa è la chiave di Anna.　2. Qui c'è un telefonino.　——Questo è il telefonino di Anna.　3. Qui c'è un ombrello.　——Questo è l'ombrello di Anna.　4. Qui c'è un asciugamano.　——Questo è l'asciugamano di Anna.

Ⓑ3　1. Qui c'è un cappello.　——Questo è il mio cappello.　2. Qui c'è un orologio.　——Questo è il mio orologio.　3. Qui c'è una giacca.　——Questa è la mia giacca.　4. Qui c'è una maglietta.　——Questa è la mia maglietta.

Ⓑ4 例文の複数の文 Questi sono i miei cappotti. **1.** Questi sono i miei cappelli. **2.** Questi sono i miei orologi. **3.** Queste sono le mie giacche. **4.** Queste sono le mie magliette.

Ⓑ5 ① **1.** Queste sono scarpe italiane. **2.** Questi sono pantaloni italiani. **3.** Questi sono occhiali italiani. **4.** Questi sono spaghetti italiani.

② **1.** Queste scarpe sono italiane. **2.** Questi pantaloni sono italiani. **3.** Questi occhiali sono italiani. **4.** Questi spaghetti sono italiani.

Ⓑ6 **1.** Questo è mio padre. **2.** Questa è mia madre. **3.** Questi sono i miei genitori. **4.** Questo è mio marito. **5.** Questa è mia moglie. **6.** Questo è il mio fidanzato. / Questa è la mia fidanzata. **7.** Questo è il mio ragazzo. / Questa è la mia ragazza.

Ⓒ1 ① Quello è un giornale italiano. **1.** Quella è una rivista italiana. **2.** Quella è una rivista giapponese. **3.** Quella è una macchina giapponese. **4.** Quella è una macchina coreana. **5.** Quello è un dizionario coreano.

② Quella giacca è francese. **1.** Quella giacca è italiana. **2.** Quell'abito è italiano. **3.** Quella cravatta è italiana. **4.** Quella cravatta è giapponese. **5.** Quel cappotto è giapponese.

Ⓒ2 ① **1.** Quelle sono scarpe italiane. **2.** Quelli sono pantaloni italiani. **3.** Quelli sono occhiali italiani. **4.** Quelli sono spaghetti italiani.

② **1.** Quelle scarpe sono italiane. **2.** Quei pantaloni sono italiani. **3.** Quegli occhiali sono italiani. **4.** Quegli spaghetti sono italiani.

Ⓒ3 **1.** La tua ragazza è qui ? ——Sì, è lì. Quella è la mia ragazza. **2.** I tuoi amici sono qui ? ——Sì, sono lì. Quelli sono i miei amici. **3.** Vostro figlio è qui ? ——Sì, è lì. Quello è nostro figlio.

Ⓒ4 **1.** Dov'è la macchina di mio fratello ? ① Ecco la

macchina di tuo fratello.　② Ecco la sua macchina.

2. Dov'è l'ombrello di mia sorella ?　① Ecco l'ombrello di tua sorella.　② Ecco il suo ombrello.

3. Dov'è il cappello di mio marito ?　① Ecco il cappello di tuo marito.　② Ecco il suo cappello.

EXTRA 3　前置詞

Ⓐ1　**1.** ① il frigo　② nel frigo　**2.** ① l'aula　② nell'aula　**3.** ① la scatola　② nella scatola　**4.** ① la sedia　② sulla sedia　**5.** ① lo scaffale　② sullo scaffale　**6.** ① il letto　② sul letto

Ⓐ2　①　**1.** C'è un pomodoro.　**2.** C'è uno studente.　**3.** C'è una penna.　**4.** C'è un gatto.　**5.** C'è un giornale.　**6.** C'è una camicia.

②　**1.** Ci sono tre pomodori.　**2.** Ci sono dieci studenti.　**3.** Ci sono cinque penne.　**4.** Ci sono quattro gatti.　**5.** Ci sono sette giornali.　**6.** Ci sono otto camicie.

Ⓑ1　①　**1.** C'è un pomodoro nel frigo.　**2.** C'è uno studente nell'aula.　**3.** C'è una penna nella scatola.　**4.** C'è un gatto sulla sedia.　**5.** C'è un giornale sullo scaffale.　**6.** C'è una camicia sul letto.

②　**1.** Ci sono dieci pomodori nel frigo.　**2.** Ci sono nove studenti nell'aula.　**3.** Ci sono quattro penne nella scatola.　**4.** Ci sono due gatti sulla sedia.　**5.** Ci sono tre giornali sullo scaffale.　**6.** Ci sono sei camicie sul letto.

Lezione 6　規則動詞・その１－基礎（活用を中心に）

Ⓐ1　**1.** studio / studi / studia / studiamo / studiate / studiano　**2.** lavoro / lavori / lavora / lavoriamo / lavorate / lavorano　**3.** ascolto / ascolti / ascolta / ascoltiamo / ascoltate / ascoltano　**4.** mangio / mangi / mangia / mangiamo / mangiate / mangiano　**5.** gioco / giochi / gioca / giochiamo / giocate / giocano　**6.** pago / paghi / paga / paghiamo / pagate / pagano　**7.** vedo / vedi / vede / vediamo / vedete / vedono　**8.** scrivo / scrivi / scrive / scriviamo / scrivete / scrivono　**9.** leggo

/ leggi / legge / leggiamo / leggete / leggono **10.** apro / apri / apre / apriamo / aprite / aprono **11.** parto / parti / parte / partiamo / partite / partono **12.** sento / senti / sente / sentiamo / sentite / sentono **13.** finisco / finisci / finisce / finiamo / finite / finiscono **14.** preferisco / preferisci / preferisce / preferiamo / preferite / preferiscono **15.** spedisco / spedisci / spedisce / spediamo / spedite / spediscono

Ⓐ2 **1.** guardo / guardi / guarda / guardiamo / guardate / guardano **2.** compro / compri / compra / compriamo / comprate / comprano **3.** arrivo / arrivi / arriva / arriviamo / arrivate / arrivano **4.** torno / torni / torna / torniamo / tornate / tornano **5.** comincio / cominci / comincia / cominciamo / cominciate / cominciano **6.** ricevo / ricevi / riceve / riceviamo / ricevete / ricevono **7.** chiudo / chiudi / chiude / chiudiamo / chiudete / chiudono

Ⓐ3 **1.** Compro una macchina italiana. **2.** Stasera guardo la TV. **3.** Ascolto la musica spesso. **4.** Mangio molta carne. **5.** Gioco a calcio. **6.** Studio l'inglese. **7.** Torno in Giappone. **8.** Arrivo a Roma.

Ⓐ4 **1.** Vedo un film italiano. **2.** Scrivo una lettera. **3.** Ogni giorno leggo il giornale. **4.** Ricevo la cartolina. **5.** Chiudo la porta.

Ⓐ5 **1.** Apro questa scatola. **2.** Sento la voce. **3.** Stasera finisco i compiti. **4.** Parto per l'Italia. **5.** Preferisco la cucina giapponese. **6.** Spedisco questo pacco.

Ⓑ1 **1.** Mio padre compra una macchina italiana. **2.** Stasera mio figlio guarda la TV. **3.** Mia sorella ascolta la musica spesso. **4.** I miei figli mangiano molta carne. **5.** I miei fratelli giocano a calcio. **6.** Gli impiegati studiano l'inglese. **7.** I turisti giapponesi tornano in Giappone. **8.** L'aereo arriva a Roma.

Ⓑ2　**1.** Il mio ragazzo vede un film italiano.　**2.** I miei amici scrivono una lettera.　**3.** Ogni giorno gli studenti leggono il giornale.　**4.** Gli ospiti ricevono la cartolina.　**5.** Il professore chiude la porta.

Ⓑ3　**1.** Il bambino apre questa scatola.　**2.** I miei genitori sentono la voce.　**3.** Stasera i miei figli finiscono i compiti.　**4.** Il gruppo parte per l'Italia.　**5.** Molti giapponesi preferiscono la cucina giapponese.　**6.** Mio marito spedisce questo pacco.

Ⓑ4　① **1.** Maria finisce di mangiare tra un po'.　**2.** Finiamo di mangiare tra un po'.　**3.** Gli ospiti finiscono di mangiare tra un po'.

② **1.** Cominciamo a studiare adesso.　**2.** Gli studenti cominciano a studiare adesso.　**3.** Le studentesse cominciano a studiare adesso.

Lezione 7　規則動詞・その２－応用（疑問文や否定文など）

Ⓐ1　**1.** Sì, compro una macchina italiana. / No, non compro una macchina italiana.　**2.** Sì, stasera guardo la TV. / No, stasera non guardo la TV.　**3.** Sì, ascolto la musica spesso. / No, non ascolto la musica spesso.　**4.** Sì, mangio molta carne. / No, non mangio molta carne.　**5.** Sì, gioco a calcio. / No, non gioco a calcio.　**6.** Sì, studio l'inglese. / No, non studio l'inglese.　**7.** Sì, torno in Giappone. / No, non torno in Giappone.　**8.** Sì, arrivo a Roma. / No, non arrivo a Roma.

Ⓐ2　**1.** Comprate una macchina italiana？ ── Sì, compriamo una macchina italiana. / No, non compriamo una macchina italiana.　**2.** Stasera guardate la TV？ ── Sì, stasera guardiamo la TV. / No, stasera non guardiamo la TV.　**3.** Ascoltate la musica spesso？ ── Sì, ascoltiamo la musica spesso. / No, non ascoltiamo la musica spesso.　**4.** Mangiate molta carne？ ── Sì, mangiamo molta carne. / No, non mangiamo molta carne.　**5.** Giocate a calcio？ ── Sì, giochiamo a calcio. / No, non giochiamo a calcio. **6.** Studiate l'inglese? —— Sì, studiamo l'inglese. / No, non studiamo l'inglese. **7.** Tornate in Giappone? —— Sì, torniamo in Giappone. / No, non torniamo in Giappone. **8.** Arrivate a Roma? —— Sì, arriviamo a Roma. / No, non arriviamo a Roma.

Ⓐ3　**1.** Sì, vedo un film italiano. / No, non vedo un film italiano. **2.** Sì, scrivo una lettera. / No, non scrivo una lettera. **3.** Sì, ogni giorno leggo il giornale. / No, non leggo il giornale ogni giorno.（ogni giornoの位置は，sìの時は文頭・文末どちらでもよいが，noの時は文末。）**4.** Sì, ricevo la cartolina. / No, non ricevo la cartolina. **5.** Sì, chiudo la porta. / No, non chiudo la porta.

Ⓐ4　**1.** Vedete un film italiano ? —— Sì, vediamo un film italiano. / No, non vediamo un film italiano. **2.** Scrivete una lettera ? —— Sì, scriviamo una lettera. / No, non scriviamo una lettera. **3.** Ogni giorno leggete il giornale ? —— Sì, ogni giorno leggiamo il giornale. / No, non leggiamo il giornale ogni giorno. **4.** Ricevete la cartolina ? —— Si, riceviamo la cartolina. / No, non riceviamo la cartolina. **5.** Chiudete la porta ? —— Si, chiudiamo la porta. / No, non chiudiamo la porta.

Ⓐ5　**1.** Sì, apro questa scatola. / No, non apro questa scatola. **2.** Sì, sento la voce. / No, non sento la voce. **3.** Sì, stasera finisco i compiti. / No, stasera non finisco i compiti. **4.** Sì, parto per l'Italia. / No, non parto per l'Italia. **5.** Sì, preferisco la cucina giapponese. / No, non preferisco la cucina giapponese. **6.** Sì, spedisco questo pacco. / No, non spedisco questo pacco. **7.** Sì, capisco un po' l'italiano. / No, non capisco l'italiano molto bene.

Ⓐ6　**1.** Aprite questa scatola ? —— Sì, apriamo questa scatola. / No, non apriamo questa scatola. **2.** Sentite la voce ? —— Sì, sentiamo la voce. / No, non sentiamo la voce. **3.** Stasera finite i compiti？ ── Sì, stasera finiamo i compiti. / No, stasera non finiamo i compiti. **4.** Partite per l'Italia？ ── Sì, partiamo per l'Italia. / No, non partiamo per l'Italia. **5.** Preferite la cucina giapponese？── Sì, preferiamo la cucina giapponese. / No, non preferiamo la cucina giapponese. **6.** Spedite questo pacco？── Sì, spediamo questo pacco. / No, non spediamo questo pacco. **7.** Capite l'italiano？── Sì, capiamo un po' l'italiano. / No, non capiamo l'italiano molto bene.

Ⓑ1　**1.** I miei bambini non giocano fuori.　**2.** Gli studenti non capiscono la lezione.　**3.** Stasera mio padre non torna. Torna domani.　**4.** Oggi i miei genitori non partono. Partono domani.　**5.** L'aereo non arriva a Roma. Arriva a Napoli.

Ⓑ2　（解答例）**1.** Mangio il pasce, un po' di verdura e il riso bianco.　**2.** Compro una bottiglia di olio d'oliva.　**3.** Prendo un tramezzino e un succo d'arancia.　**4.** Abito a Kyoto, una città antica e molto bella.

p.77
Lezione 8 不規則動詞・その1

Ⓐ1　**1.** I miei zii hanno una casa molto bella.　**2.** Abbiamo due amici italiani.　**3.** Mario ha due sorelle e un fratello.

Ⓐ2　**1.** Hai sete？── No, non ho sete.　**2.** Hai sonno？── No, non ho sonno ma ho fame.　**3.** Hai fame？── No, non ho fame ma sono stanco (-a).　**4.** Quanti anni hai？──（例）Ho diciannove anni.

Ⓐ3　**1.** Dove vai stasera？── Vado da un'amica.　**2.** Dove vai dopodomani？── Vado a una festa.　**3.** Dove vai domani sera？── Vado al ristorante italiano.
＊stasera, dopodomani, domani sera は文頭でも可。

Ⓐ4　**1.** Mio padre va al lavoro.　**2.** Andiamo all'università.　**3.** Andate al cinema？

Ⓐ5　**1.** I miei genitori vanno al lavoro.　**2.** Gli studenti vanno all'università.　**3.** Tuo fratello va al cinema？

Ⓐ6　1. Mia madre fa la spesa ogni giorno.　2. Faccio il bagno dopo cena.　3. Fate colazione ogni mattina ?　＊ogni giorno, dopo cena, ogni mattina は文頭でも可。

Ⓑ1　1. Vado a prendere un caffè.　2. Mio fratello va a vedere un film.　3. I miei figli vanno a giocare con gli amici.

Ⓑ2　1. ① Guardo la TV.　② Leggo un libro.　2. ① Andiamo al cinema.　② Studiamo.

Ⓑ3　（解答例）1. Vado a vedere un amico in centro. Poi andiamo a mangiare una pizza.　2. Prima finiamo questo lavoro. Poi prepariamo la cena.

Lezione 9　不規則動詞・その2

Ⓐ1　1. Vieni qui con la macchina ?　——No, vengo qui con la metropolitana.　2. Vieni all'università con la bicicletta ?　——No, vengo all'università a piedi.　3. Venite a scuola con l'autobus ?　——No, veniamo a scuola con il treno.　＊con la, con l', con il の代わりに in を用いても可。

Ⓐ2　1. Mia sorella sta a casa e guarda un DVD.　2. Stiamo a casa e prepariamo la cena.　3. I miei genitori stanno a casa e fanno le pulizie.

Ⓒ1　1. Come si dice "shinbun" in italiano ?　——Si dice "giornale".　2. Come si dice "cheese" in italiano ?　——Si dice "formaggio".

Ⓒ2　1. Mia madre dice che oggi fa freddo.　2. Gli studenti dicono che questa lezione non è difficile.

Lezione 10　疑問詞

Ⓐ1　1. ③　2. ①　3. ⑤　4. ④

Ⓑ1　1. Com'è quel film ?　——È molto interessante!　2. Quando tornano gli studenti dall'Italia ?　——Tornano la settimana prossima.　3. Chi cucina a casa tua ?　——Di solito cucina mio fratello.　4. Perché non mangi ?　——(Perché) ho mal di stomaco.

Ⓑ2　1. Quanto vino bevi al giorno ?　——Bevo un bicchiere di vino.　2. Quanta frutta mangi al giorno ?　——Mangio poca frutta.　3. Quanti dolci mangi al giorno ?　——

Mangio tanti (molti) dolci.　**4.** Quante sigarette fumi al giorno ?　── Fumo solo un paio di sigarette.

Ⓑ3　**1.** Di dov'è Lei ?　── Sono di Prato. È una città vicino a Firenze.　**2.** Chi paga ?　── Suo padre paga anche per noi.　**3.** Quali sono vini italiani ?　── Questi tre sono vini italiani.

Ⓒ1　**1.** Da quanto tempo stai in Giappone ?　── Sto in Giappone da tre anni e otto mesi.　**2.** Da quanto tempo lavori qui ?　── Lavoro qui da tre settimane.　**3.** Da quanto tempo abitate questo appartamento ?　── Abitiamo questo appartamento da più di dieci anni.

p.107

Lezione 11　補語人称代名詞

Ⓐ1　**1.** Sì, ti aspetto. / No, non ti aspetto.　**2.** Sì, ti chiamo. / No, non ti chiamo.　**3.** Sì, lo conosco. / No, non lo conosco.　**4.** Sì, vi aspettiamo alla stazione. / No, non vi aspettiamo alla stazione.　**5.** Sì, lo incontriamo in centro. / No, non lo incontriamo in centro.　**6.** Sì, la invitiamo. / No, non la invitiamo.

Ⓐ2　**1.** Sì, le mangio volentieri.　**2.** Sì, li mangio volentieri.　**3.** Sì, lo mangio volentieri.　**4.** Sì, le mangio volentieri.　**5.** Sì, lo mangio volentieri.

Ⓑ1　**1.** Sì, stasera lo leggo.　**2.** No, non l'ascolta quasi mai. (← la ascolta)　**3.** No, non li compra in Giappone.　**4.** Sì, la facciamo la settimana prossima.

Ⓑ2　**1.** No, non gli scrivo quasi mai. または No, non scrivo loro quasi mai.　**2.** Sì, mi telefonano ogni tanto. ＊主語は i tuoi amici.　**3.** Gli regalo una bottiglia di vino italiano.　**4.** Gli regaliamo un mazzo di rose. または Regaliamo loro un mazzo di rose.

Ⓒ1　**1.** Sì, oggi te lo offro io.　**2.** No, non te li do. Ma te li presto.　**3.** Sì, ve la mando da Milano.　**4.** Sì, glielo regalo per il suo compleanno.　**5.** No, non glieli regala. Invece le regala un anello.

p.114

Lezione 12 特殊な動詞 piacere (「〜が好きだ」という表現)

Ⓐ 1　**1.** ①以下4つのいずれか。Mi piace molto il gelato. ／ Mi piace il gelato. ／ Non mi piace molto il gelato. ／ Non mi piace il gelato.

② Ti piace il gelato ?

③以下4つのいずれか。Sì, mi piace molto. ／ Sì, mi piace. ／ No, non mi piace molto. ／ No, non mi piace.

2. ①以下4つのいずれか。Mi piace molto la carne. ／ Mi piace la carne. ／ Non mi piace molto la carne. ／ Non mi piace la carne.

② Ti piace la carne ?

③以下4つのいずれか。Sì, mi piace molto. ／ Sì, mi piace. ／ No, non mi piace molto. ／ No, non mi piace.

3. ①以下4つのいずれか。Mi piace molto il caffè forte. ／ Mi piace il caffè forte. ／ Non mi piace molto il caffè forte. ／ Non mi piace il caffè forte.

② Ti piace il caffè forte ?

③以下4つのいずれか。Sì, mi piace molto. ／ Sì, mi piace. ／ No, non mi piace molto. ／ No, non mi piace.

4. ①以下4つのいずれか。Mi piace molto la verdura. ／ Mi piace la verdura. ／ Non mi piace molto la verdura. ／ Non mi piace la verdura.

② Ti piace la verdura ?

③以下4つのいずれか。Sì, mi piace molto. ／ Sì, mi piace. ／ No, non mi piace molto. ／ No, non mi piace.

Ⓑ 1　**1.** ① Sì, mi piace molto. Lo mangio ogni giorno.　② No, non mi piace molto. Non lo mangio quasi mai.　**2.** ① Sì, mi piace molto. La mangio ogni giorno.　② No, non mi piace molto. Non la mangio quasi mai.　**3.** ① Sì, mi piace molto. Lo prendo (bevo) ogni giorno.　② No, non mi piace molto. Non lo prendo (bevo) quasi mai.　**4.** ① Sì, mi piace molto. La mangio ogni giorno.　② No, non mi piace molto. Non la mangio quasi mai.

Ⓑ2 ① **1.** Ti piace il sushi ? **2.** Ti piacciono gli spaghetti alle vongole ? **3.** Ti piacciono i peperoni ? **4.** Ti piacciono i cani ? **5.** Ti piacciono i gatti ?

② **1.** No, non mi piace. Non mi piace il pesce crudo. **2.** Sì, mi piacciono. Mi piacciono molto le vongole. **3.** No, non mi piacciono. Non mi piace molto la verdura. **4.** Sì, mi piacciono. Mi piacciono i piccoli cani. **5.** No, non mi piacciono. Non mi piace avere un animale a casa.

Ⓑ3 **1.** ①つぎの4つのいずれか。 Mi piace molto ascoltare la musica. / Mi piace ascoltare la musica. / Non mi piace molto ascoltare la musica. / Non mi piace ascoltare la musica.

② Ti piace ascoltare la musica ?

③つぎの4つのいずれか。 Sì, mi piace molto. / Sì, mi piace. / No, non mi piace molto. / No, non mi piace.

2. ①つぎの4つのいずれか。 Mi piace molto mangiare fuori. / Mi piace mangiare fuori. / Non mi piace molto mangiare fuori. / Non mi piace mangiare fuori.

② Ti piace mangiare fuori ?

③つぎの4つのいずれか。 Sì, mi piace molto. / Sì, mi piace. / No, non mi piace molto. / No, non mi piace.

3. ①つぎの4つのいずれか。 Mi piace molto uscire con gli amici. / Mi piace uscire con gli amici. / Non mi piace molto uscire con gli amici. / Non mi piace uscire con gli amici.

② Ti piace uscire con gli amici ?

③つぎの4つのいずれか。 Sì, mi piace molto. / Sì, mi piace. / No, non mi piace molto. / No, non mi piace.

4. つぎの4つのいずれか。 Mi piace molto parlare in pubblico. / Mi piace parlare in pubblico. / Non mi piace molto parlare in pubblico. / Non mi piace parlare in pubblico.

② Ti piace parlare in pubblico ?

③つぎの4つのいずれか。 Sì, mi piace molto. / Sì, mi piace. / No, non mi piace molto. / No, non mi piace.

Ⓑ4　1. ①Mi piace studiare l'italiano. Lo studio ogni giorno. ②Non mi piace studiare l'italiano. Non lo studio quasi mai. 2. ①Mi piace fare una passeggiata. La faccio ogni giorno. ②Non mi piace fare una passeggiata. Non la faccio quasi mai. 3. ①Mi piace leggere il giornale. Lo leggo ogni giorno. ②Non mi piace leggere il giornale. Non lo leggo quasi mai.

Ⓒ1　1.（A）Mi piace la cucina giapponese. A te？（B）A me piace di più la cucina italiana. 2.（A）Mi piace questo attore.（B）Anche a me. 3.（A）Non mi piace cantare in pubblico.（B）Neanche a me.

p.122　**Lezione 13 補助動詞**

Ⓐ1　1. Voglio giocare a calcio. 2. Suo figlio non vuole andare all'università. 3. Vogliamo comprare una macchina. 4. I bambini non vogliono andare a letto.

Ⓐ2　1. Posso aprire la finestra？ 2. Posso telefonare qui？ 3. Posso venire domani？

Ⓐ3　1. Devo scrivere una lettera a mio padre. 2. Dobbiamo fare le pulizie. 3. Laura non deve andare a fare la spesa. 4. I clienti non devono pagare subito.

Ⓑ1　1. Voglio mangiare di più ma non posso. Devo fare la dieta. 2. Voglio uscire con gli amici ma non posso. Devo preparare la cena. 3. Voglio comprare un cappotto nuovo ma non posso. Devo risparmiare.

Ⓑ2　1. Che cosa vuoi mangiare per pranzo？　――Voglio mangiare un piatto italiano. Per esempio la pasta o un risotto. ＊cucinaは「料理」の総称。今の場合はpiattoの方が良い。 2. Che cosa vuoi comprare in Italia？　――Voglio comprare tanti souvenir. Voglio comprare una cravatta a mio padre. 3. Che cosa vuoi fare in Giappone？　――Voglio visitare Kyoto. Poi voglio andare a Osaka a fare shopping.

Ⓒ1　1. Non so suonare il pianoforte. 2. Mio fratello non sa cucinare. 3. Quel bambino sa cantare molto bene. 4. I suoi figli sanno fare le faccende domestiche.

p.131

Lezione 14 接続詞を使った文／時間の表現

Ⓐ1　1. ma または però　2. e　3. perché または poiché　4. se

Ⓐ2　1. ③ Se domani fa bel tempo, andiamo a fare un picnic.　2. ① Mentre lavo i piatti, ascolto la radio.　3. ② Quando vai a Roma, vai anche a Tivoli ?

Ⓑ1　1. ② / ③　2. ① / ④

Ⓑ2　（解答例）1. Se domani fa bel tempo, andiamo in piscina.　2. Mentre (io) lavo i piatti, mia moglie prepara il tè.　3. Quando vai a Roma, devi mangiare i saltimbocca alla romana.　＊in piscina　プールに。saltimbocca alla romana サルティンボッカはローマの名物料理の名称。

Ⓒ1　1. Il mio amico italiano dice che Firenze è molto bella.　2. Gli studenti dicono che la lezione di cinese è molto difficile.　3. So che devo studiare di più.

＊＊＊＊＊

p.135

Ⓐ1　（質問）Che ore sono ? / Che ora è ?　1. Sono le dieci e mezzo.（mezza または trenta も可）　2. È l'una e mezza.（mezzo または trenta も可）　3. Sono le tre e trentotto.　4. Sono le quattro e cinquantacinque.（または Sono le cinque meno cinque. でも可）

Ⓐ2　1. Esco di casa alle otto e mezzo.（mezza または trenta も可）　2. Esce di casa alle sette e quarantacinque.（または sette e tre quarti でも可）　3. Escono di casa alle sette e quindici.（または sette e un quarto でも可）

Ⓑ1　1. Comincia alle nove e dieci.　2. Finisce alle dieci e quaranta.　3. Apre alle otto e quarantacinque.（otto e tre quarti も可）　4. Chiude alle tre e mezzo.（mezza または trenta も可）　5. Possiamo (potete) entrare alle sei e quindici.（sei e un quarto も可）

Ⓒ1　（解答と解答例）1. In Giappone a che ora aprono i supermercati ? ——Aprono alle dieci.　2. In Giappone a che ora aprono le biblioteche ? ——Aprono verso le nove.　3. In Giappone a che ora chiudono i grandi magazzini ?

275

——Chiudono alle otto di sera.   4. In Giappone a che ora pranzano gli impiegati ?   ——Pranzano verso mezzogiorno.   5. In Giappone a che ora vanno a letto i bambini ?   ——Vanno a letto verso le dieci.

p.141 **Lezione 15 再帰動詞**

Ⓐ1   1. mi sveglio / ti svegli / si sveglia / ci svegliamo / vi svegliate / si svegliano   2. mi metto / ti metti / si mette / ci mettiamo / vi mettete / si mettono   3. mi vesto / ti vesti / si veste / ci vestiamo / vi vestite / si vestono   4. mi chiamo / ti chiami / si chiama / ci chiamiamo / vi chiamate / si chiamano

Ⓑ1   1. Di solito mi alzo alle sette ma domenica mi alzo alle nove.   2. Mio fratello di solito si alza alle otto ma domenica si alza alle dieci e mezzo.   3. I bambini di solito si alzano alle sette e mezzo ma domenica si alzano alle sei.

Ⓑ2   1. A che ora ti alzi ?   ——Mi alzo alle sei e mezzo.   2. Che cosa vi mettete per la festa ?   ——Ci mettiamo la giacca e la cravatta.   3. Come si chiamano i suoi figli ?   ——Si chiamano Luigi e Stefano.

Ⓑ3   1. Di solito mi metto i jeans ma oggi mi metto una gonna.   2. Mia sorella di solito si mette una maglietta ma oggi si mette una camicetta.   3. Gli studenti di solito si mettono una divisa ma oggi si mettono un vestito elegante.

Ⓑ4   1. ① amarsi ② ci amiamo / vi amate / si amano   2. ① parlarsi ② ci parliamo / vi parlate / si parlano   3. ① conoscersi ② ci conosciamo / vi conoscete / si conoscono   4. ① sentirsi ② ci sentiamo / vi sentite / si sentono

Ⓑ5   1. Quando vi sposate ?   ——Ci sposiamo il mese prossimo.   2. Dove ci vediamo ?   ——Ci vediamo a casa mia.   3. Giulia e Luisa si conoscono da tanti anni ?   ——Si conoscono da più di venti anni (または vent'anni).

Ⓒ1   1. mi vergogno / ti vergogni / si vergogna / ci vergogniamo / vi vergognate / si vergognano   2. mi accorgo

/ ti accorgi / si accorge / ci accorgiamo / vi accorgete / si accorgono **3.** mi diverto / ti diverti / si diverte / ci divertiamo / vi divertite / si divertono

Ⓒ2 **1.** Maria si arrabbia con suo marito. **2.** I tuoi genitori si preoccupano per te. **3.** Lei si ricorda di mio padre？

p.153
Lezione 16 命令法

Ⓐ1 **1.** ①Ascolta. ②Ascolti. ③Ascoltiamo. ④Ascoltate. **2.** ①Scrivi. ②Scriva. ③Scriviamo. ④Scrivete. **3.** ①Senti. ②Senta. ③Sentiamo. ④Sentite. **4.** ①Esci. ②Esca. ③Usciamo. ④Uscite. **5.** ①Va'. と Vai. ②Vada. ③Andiamo. ④Andate. **6.** ①Fa'. と Fai. ②Faccia. ③Facciamo. ④Fate.

Ⓑ1 **1.** Prenda questa medicina. **2.** Aprite il libro di testo. **3.** Domani venga alle tre. **4.** Stasera sta'（または stai）a casa e studia. **5.** Questo pomeriggio giochiamo a calcio.

Ⓑ2 **1.** Rispondi al telefono. **2.** Abbi pazienza. **3.**（男性に）Stia tranquillo.（女性に）Stia tranquilla. **4.** Assaggiamo questo vino.

Ⓑ3 **1.** ①Non buttare l'immondizia qui. ②Non butti ～. ③Non buttiamo ～. ④Non buttate ～. **2.** ①Non lasciare il lavoro a metà. ②Non lasci ～. ③Non lasciamo ～. ④Non lasciate ～. **3.** ①Non fare chiasso. ②Non faccia chiasso. ③Non facciamo chiasso. ④Non fate chiasso.

Ⓒ1 **1.** Questo gelato è molto buono. ①Mangialo. ②Lo mangi. ③Mangiamolo. ④Mangiatelo. **2.** Questa torta è molto buona. ①Mangiala. ②La mangi. ③Mangiamola. ④Mangiatela. **3.** Questi funghi sono molto buoni. ①Mangiali. ②Li mangi. ③Mangiamoli. ④Mangiateli. **4.** Queste tagliatelle sono molto buone. ①Mangiale. ②Le mangi. ③Mangiamole. ④Mangiatele.

Ⓒ2 **1.** ①Divertiti. ②Si diverta. ③Divertiamoci. ④Divertitevi. **2.** ①Mettiti a parlare. ②Si metta a parlare. ③Mettiamoci a parlare. ④Mettetevi a parlare. **3.** ①

Calmati.　② Si calmi.　③ Calmiamoci.　④ Calmatevi.

Lezione 17　近過去・その1 － avere を使うもの

Ⓐ1　**1.** Ieri ho lavorato molto.　**2.** Ieri sera ho ascoltato la musica.　**3.** Ho guardato la TV fino a tardi.　**4.** Ho giocato a calcio con gli amici.　**5.** Ho ricevuto una lettera da un'amica.　**6.** Ho dormito bene.

Ⓐ2　**1.** Ieri abbiamo lavorato molto.　**2.** Ieri sera mio fratello ha ascoltato la musica.　**3.** I miei genitori hanno guardato la TV fino a tardi.　**4.** I miei figli hanno giocato a calcio con gli amici.　**5.** Giovanni ha ricevuto una lettera da un'amica.　**6.** Gli ospiti hanno dormito bene.

Ⓐ3　**1.** Oggi abbiamo preso un tassì.　**2.** La settimana scorsa i miei amici hanno visto un film italiano.　**3.** L'anno scorso Franco ha scritto il diario.　**4.** Tre giorni fa gli studenti hanno letto una rivista inglese.

Ⓑ1　①　**1.** Ieri non ho lavorato molto.　**2.** Ieri sera non ho ascoltato la musica.　**3.** Non ho guardato la TV fino a tardi.　**4.** Non ho giocato a calcio con gli amici.　**5.** Non ho ricevuto una lettera da un'amica.　**6.** Non ho dormito bene.
②　**1.** Ieri non abbiamo lavorato molto.　**2.** Ieri sera mio fratello non ha ascoltato la musica.　**3.** I miei genitori non hanno guardato la TV fino a tardi.　**4.** I miei figli non hanno giocato a calcio con gli amici.　**5.** Giovanni non ha ricevuto una lettera da un'amica.　**6.** Gli ospiti non hanno dormito bene.

Ⓑ2　**1.** Ieri che cosa hai comprato in centro？　——Ho comprato una giacca e un paio di scarpe.　**2.** Ieri sera che cosa avete mangiato al ristorante italiano？　——Abbiamo mangiato la pasta e un fritto misto di pesce.　**3.** Ieri che cosa hai fatto a casa？　——Ho studiato tutto il giorno.

Ⓒ1　**1.** Stamattina hai fatto colazione？　——No, non l'ho fatta.　**2.** Dove hai incontrato Mario？　——L'ho incontrato alla stazione.　＊incontrato の代わりに visto でも可。　**3.** Quando hai visto quel film ?　――　L'ho visto due mesi fa.

Ⓒ2　**1.** Hai già mangiato il minestrone ?　――　Sì, l'ho già mangiato.　**2.** Hai già mangiato le lasagne ?　――　Sì, le ho già mangiate.　**3.** Hai già mangiato l'insalata nel frigo ?　――　Sì, l'ho già mangiata.　**4.** Hai già mangiato i cioccolatini nella scatola ?　――　Sì, li ho già mangiati.

Ⓒ3　**1.** Hai mai fatto dei biscotti in casa ?　**2.** Hai mai parlato con gli italiani ?　**3.** Hai mai visto una partita di calcio allo stadio ?　**4.** Hai mai scalato una montagna ?

Ⓒ4　**1.** Mia sorella ha fatto molte volte dei biscotti in casa.　＊molte volte は文末でもよいが，文中の方が自然。　**2.** I miei amici giapponesi non hanno mai parlato con gli italiani.　**3.** Abbiamo visto una partita di calcio allo stadio solo una volta.　**4.** Quel giovane non ha mai scalato una montagna.

p.169　**Lezione 18　近過去・その２－ essere を使うもの**

Ⓐ1　**1.** Ieri sei andato in centro ?　**2.** Ieri sei andata in centro ?　**3.** Ieri lui è andato in centro.　**4.** Ieri tua sorella è andata in centro.

Ⓐ2　**1.** Stamattina siamo arrivati all'aeroporto.　**2.** Stamattina siete arrivate all'aeroporto ?　**3.** Stamattina loro sono arrivate all'aeroporto.　**4.** Stamattina i miei genitori sono arrivati all'aeroporto.　**5.** Stamattina i turisti sono arrivati all'aeroporto.

Ⓑ1　**1.** Ieri sera mio marito è tornato tardi.　**2.** La domenica scorsa i miei amici italiani sono partiti per l'Italia.　**3.** Mia madre è arrivata alla stazione alle 3,20.　**4.** Sua figlia è nata nel 1993.　**5.** Il mio cane è morto due anni fa.

Ⓑ2　**1.** Ieri loro non sono andate al lavoro.　**2.** Il treno non è arrivato in tempo.　**3.** Stamattina gli studenti non sono venuti alla mia lezione.　**4.** Il lavoro non è andato bene.　＊il は quel でも可。

Ⓒ1　**1.** Ti sei già vestito ?　――　Sì, mi sono già vestito.　**2.** Ti sei divertita alla festa ?　――　Sì, mi sono divertita molto.

3. Paola si è messa gli orecchini ?　——No, non si è messa gli orecchini.　4. Dove vi siete conosciuti ?　—— Ci siamo conosciuti all'università.　5. Quando si sono sposati ?　—— Si sono sposati l'anno scorso.

Ⓒ2　1. Ieri ho dovuto lavorare fino a tardi.　2. Ieri mia madre ha dovuto uscire presto. / Ieri mia madre è dovuta uscire presto.　3. Ieri gli impiegati hanno dovuto venire alle sette di mattina. / Ieri gli impiegati sono dovuti venire alle sette di mattina.

Ⓒ3　1. ① Sei mai stato in Italia ?　② Sei mai stata in Italia ?　2. ① Sei mai arrivato in ritardo in ufficio ?　② Sei mai arrivata in ritardo in ufficio ?　3. ① Sei mai tornato a casa dopo mezzanotte ?　② Sei mai tornata a casa dopo mezzanotte ?　4. ① Sei mai uscito con quella ragazza ?　② Sei mai uscita con quel ragazzo ?

Ⓒ4　*かっこ内は女性の場合　1. Non sono mai stato(a) in Italia.　2. Non sono mai arrivato(a) in ritardo in ufficio.　3. Non sono mai tornato(a) a casa dopo mezzanotte.　4 Non sono mai uscito con quella ragazza. (… uscita con quel ragazzo)

Ⓒ5　1. Questi studenti non sono mai stati in Italia.　2. Quell'impiegato è arrivato in ritardo in ufficio molte volte.　3. Sua figlia è tornata a casa dopo mezzanotte qualche volta.　4. Mio fratello è uscito con quella ragazza una volta.

Lezione 19　半過去, 大過去

Ⓐ1　1. ① lavoravi　② lavoravamo　2. ① studiavo　② studiavate　3. ① scriveva　② scrivevamo　4. ① sentivate　② sentivano　5. ① faceva　② facevamo

Ⓐ2　1. ① Mio figlio dormiva.　② I bambini dormivano.　2. ① Guardavamo la TV.　② Guardavate la TV.　3. ① Ieri sera mio fratello ascoltava la musica.　② Ieri sera io e mia moglie ascoltavamo la musica.　4. ① Leggevate un libro.　② Gli studenti leggevano un libro.　5. ① Bevevo all'osteria con gli amici.　② Suo marito beveva all'osteria con gli amici.

Ⓑ1　1. Quando eri piccola, piangevi spesso. Da piccola piangevi spesso.　2. Quando era giovane, lui beveva molto. Da giovane lui beveva molto.　3. Quando abitavo in Italia, scrivevo spesso alla mia fidanzata.　4. Quando erano piccoli, i miei figli non mangiavano molta verdura. Da piccoli i miei figli non mangiavano molta verdura.

Ⓑ2　1. Che cosa facevi adesso？——Stiravo le camicie.　2. Che cosa mangiavate？——Mangiavamo la carne alla griglia.　3. Che cosa leggeva tuo fratello？——Leggeva una rivista coreana.　4. Come era il tempo in Italia？——Non era molto bello.

Ⓑ3　1. Quando siamo arrivati alla stazione, nevicava.　2. Quando loro sono venuti a Roma, non c'era tanto traffico.　3. Mentre i bambini dormivano, leggevo il giornale. Mentre i bambini dormivano, ho letto il giornale.　4. Mentre i bambini dormivano, ho finito di leggere il giornale.

Ⓒ1　1. Quando siamo arrivati alla stazione, il treno era già partito.　2. Quando loro sono venuti a Roma, avevano già comprato tanti souvenir.

Ⓒ2　1. Quando siamo arrivati alla stazione, loro erano già arrivate.　2. Quando loro sono venuti a Roma, i saldi erano già finiti.　3. Abbiamo guardato la TV insieme dopo che mia sorella aveva finito di studiare.　4. Quando sono entrata all'università, ero già stata all'estero due volte.

p.183
Lezione 20　未来形

Ⓐ1　1. studierò / studierai / studierà / studieremo / studierete / studieranno　2. mangerò / mangerai / mangerà / mangeremo / mangerete / mangeranno　3. scriverò / scriverai / scriverà / scriveremo / scriverete / scriveranno　4. chiederò / chiederai / chiederà / chiederemo / chiederete / chiederanno　5. sentirò / sentirai / sentirà / sentiremo / sentirete / sentiranno　6. spedirò / spedirai / spedirà / spediremo / spedirete / spediranno　7. mi alzerò / ti alzerai /

si alzerà / ci alzeremo / vi alzerete / si alzeranno **8.** mi sveglierò / ti sveglierai / si sveglierà / ci sveglieremo / vi sveglierete / si sveglieranno

Ⓐ2 **1.** Leggerò il giornale ogni giorno. **2.** Arriverò alla stazione prima delle nove. **3.** Farò del mio meglio. **4.** Domani mi vestirò bene.

Ⓐ3 **1.** Stasera mia figlia tornerà tardi. **2.** Il treno arriverà in ritardo. **3.** Lui risponderà alla mia lettera ? **4.** I bambini apriranno i regali subito.

Ⓑ1 **1.** Quell'impiegato verrà in ufficio in tempo. **2.** Il tuo amico francese mangerà il sushi ? **3.** I miei amici andranno a quel ristorante a Roma. **4.** Gli operai dovranno rifare il lavoro. **5.** Fra venti anni come sarà questa città ?

Ⓒ1 **1.** I miei genitori staranno bene. **2.** Ci sarà tanta gente nel parco. **3.** Ci saranno tanti studenti nell'aula.

Ⓒ2 **1.** Se domani nevicherà, non partiremo. **2.** Quando fra due mesi si laureeranno, quegli studenti andranno all'estero. **3.** Quando sarà grande, quel bambino sarà un bravo giocatore di baseball.

p.196

Lezione 21 比較級と最上級

Ⓐ1 **1.** Francesco è più sportivo di Fabio. **2.** Il limone è più aspro dell'arancia. **3.** Questo vino è più secco di quello. **4.** Siete più seri di quei ragazzi.

Ⓐ2 **1.** Fabio è meno sportivo di Francesco. **2.** L'arancia è meno aspra del limone. **3.** Quel vino è meno secco di questo. **4.** Quei ragazzi sono meno seri di voi.

Ⓑ1 **1.** Il lago Biwa è il più grande in Giappone. **2.** Maria è la più studiosa della classe. **3.** Quel signore è il più ricco in questa città. **4.** Giovanni è il più elegante tra tutti gli invitati.

Ⓑ2 **1.** Fa freddissimo. **2.** Quelle infermiere erano bravissime. **3.** Gli esami erano dificilissimi. **4.** A Osaka Paola ha mangiato benissimo.

Ⓒ1　1. Lui è più avaro che parsimonioso.　2. Quella macchina è più pratica che bella.　3. Oggi sto meglio di ieri.　4. Questo è il vino migliore in questo ristorante.

Ⓒ2　1. Anche oggi fa caldo come ieri. または Anche oggi fa caldo quanto ieri.　2. Il giapponese è difficile come il cinese？または Il giapponese è (tanto) difficile quanto il cinese？　3. Questo piatto è tanto buono quanto facile da preparare.

p.203 **Lezione 22　ジェルンディオ**

Ⓐ1　1. Lui sta ascoltando la radio.　2. Lui sta facendo le pulizie.　3. Lui sta scrivendo un tema.　4. Lui sta dormendo.

Ⓐ2　1. Stiamo ascoltando la radio.　2. I camerieri stanno facendo le pulizie.　3. State scrivendo un tema？　4. Quel bambino sta dormendo. ＊ quel は il でも可。

Ⓑ1　1. Non mangiare leggendo il giornale.　2. Avendo una bella macchina, potrò invitare le ragazze.　3. Arrivando in tempo, potremo entrare.

Ⓑ2　1. Mentre aspetta l'autobus, fuma una sigaretta.　2. Se prendi la giusta medicina, guarirai presto.　3. Poiché sono stranieri, non sanno chi è il Primo Ministro giapponese.

Ⓒ1　1. Mentre pensavo a te, ti ho scritto quella lettera. または Mentre stavo pensando a te でも可。または Poiché ho pensato a te でも可。　2. Poiché aveva fame da morire, ha rubato il pane.　3. Poiché non sapevano dove andare, sono andati alla polizia.

Ⓒ2　1. Poiché avevo ricevuto un pacco da te, ho scritto questa lettera.　2. Poiché aveva finito tutti i soldi, ha rubato il pane.　3. Poiché si erano persi, sono andati alla polizia. ＊ erano は sono でも可。

p.211 **Lezione 23　関係代名詞**

Ⓐ1　1. ① Quel signore che sta mangiando lì è uno scrittore famoso.　② Quel signore che hai incontrato poco fa è uno scrittore famoso.　2. ① Il libro di testo che ha tanti esercizi è molto utile. ② Il libro di testo che ho comprato in Italia è molto utile.

Ⓐ2　1. Quel signore con cui ho parlato alla festa è uno scrittore famoso.　2. Quel signore con cui il presidente della nostra ditta ha pranzato è uno scrittore famoso.　3. Il libro di testo di cui il professore ha parlato è molto utile.

Ⓑ1　1. Le lasagne che ho mangiato dalla zia Anna erano molto buone.　2. La ditta (a) cui ho mandato il mio curriculum vitae è molto conosciuta.　3. Ho preso un piccolo cane che era abbandonato nel parco.

Ⓒ1　1. Questo è un ristorante in cui mangio spesso.　2. Quello è lo stadio in cui ho visto la partita fra Milan e Inter. ＊Milan, Inter は共にサッカーのクラブチームの名前。　3. Questo negozio è quello in cui faccio sempre la spesa.

Lezione 24　受動態

Ⓐ1　1. ① Kyoto è visitata da molti turisti stranieri.　② Kyoto viene visitata da molti turisti stranieri.　2. ① Quel libro è letto dai ragazzi di molti paesi.　② Quel libro viene letto dai ragazzi di molti paesi.　3. ① In Corea il giapponese è studiato da tanti giovani.　② In Corea il giapponese viene studiato da tanti giovani.

Ⓐ2　1. Questo quadro è stato comprato da quel signore.　2. Tutto il dolce è stato mangiato dai bambini.　3. Tutti i piatti per la cena sono stati preparati da mia figlia.

Ⓑ1　1. ① Un capolavoro sarà dipinto da quel pittore.　② Un capolavoro verrà dipinto da quel pittore.　2. ① Il Campionato sarà vinto da noi !　② Il Campionato verrà vinto da noi !　3. ① La mia proposta non sarà accettata dai clienti.　② La mia proposta non verrà accettata dai clienti.

Ⓒ1　1. I bambini vanno protetti.　2. Le regole vanno rispettate.　3. Questa situazione va considerata.

Lezione 25　si の用法（受動態と非人称），代名小詞 ci と ne

Ⓐ1　1. In Giappone non si mangia il coniglio.　2. In Italia si parla solo l'italiano ?　**3.** Anche in Asia si consuma molto petrolio.

Ⓐ2　**1.** In Germania si beve tanta birra .　**2.** Si usa il forno a microonde per preparare questo piatto.　**3.** Dove si vende un giornale italiano ?

Ⓑ1　**1.** Qui non si deve fumare.　**2.** Non si può entrare dopo le sei.　**3.** Come si deve fare per ottenere il visto ?

Ⓑ2　**1.** Si fa così quando si entra in un negozio.　**2.** In Giappone si dice così quando si torna a casa.　**3.** Se si vuole fare presto, si deve fare così.

Ⓑ3　**1.** Sì, ci va.　**2.** No, non ci vanno.　**3.** Sì, ci sono stata una volta.

Ⓑ4　**1.** Ne ha dodici.　**2.** Ne compro tre bottiglie.　**3.** Sì, ne mangiano molti.　＊molti の代わりに tanti でも可。

Ⓒ1　**1.** Sì, ci proverò.　**2.** No, non ci credo.　**3.** No, non me ne ricordo.

p.238　**Lezione 26　接続法**

Ⓐ1　**1.** Penso che lei sia cinese.　**2.** Credo che lui sappia la verità.　**3.** Spero che stiano bene i tuoi genitori.

Ⓐ2　**1.** Loro pensano che noi siamo cinesi.　**2.** L'agente crede che voi sappiate la verità.　**3.** Speriamo che stia bene sua nonna.

Ⓑ1　**1.** Lei apre la finestra affinché entri un po' d'aria fresca.　**2.** La mamma canta la ninnananna perché il bambino possa dormire bene.　**3.** Devo restare in ufficio nonostante sia malato.

Ⓒ1　**1.** Il professore pensa che gli studenti siano già andati via.　**2.** Speriamo che Maria sia arrivata a Milano in tempo.　**3.** Non credo che lui abbia capito quello che gli ho detto.

Ⓒ2　**1.** Pensavo che il suo fidanzato fosse francese.　**2.** Non ero sicuro che tu sapessi cucinare bene.　**3.** Non pensavo che tu avessi un appuntamento.　**4.** Loro si aspettavano che il loro figlio andasse all'università.

ⓒ3 **1.** Non credevano che Luigi avesse scritto un tema interessante. **2.** Non mi aspettavo che i miei studenti fossero venuti alla lezione. **3.** I miei genitori credevano che mio fratello avesse superato gli esami. **4.** La polizia pensava che il criminale fosse scappato all'estero. **5.** Speravamo che i colleghi avessero finito tutto il lavoro.

ⓒ4 **1.** Lei ha aperto la finestra affinché entrasse un po' d'aria fresca. **2.** La mamma cantava la ninnananna perché il bambino potesse dormire bene. **3.** Dovevo restare in ufficio nonostante fossi malato.

Lezione 27 条件法

Ⓐ1 **1.** Vorrei provare le scarpe in vetrina. **2.** Vorrei avere informazioni sull'iscrizione. **3.** Vorrei finire il lavoro prima. Ho un po' di febbre.

Ⓐ2 **1.** Mangerei un po' di più. **2.** Stasera prenderei un bicchiere di vino. **3.** Non ci andrei apposta.

Ⓐ3 **1.** Dovrei studiare di più per gli esami. **2.** Potrei anche cucinare da solo. **3.** Dovresti smettere di fumare.

Ⓑ1 **1.** In Italia non si farebbe così. **2.** I giovani non comprerebbero questo tipo di macchina fotografica. **3.** Un'attrice non si vestirebbe in quella maniera.

ⓒ1 **1.** Un giocatore più bravo avrebbe segnato un gol. **2.** Mio figlio non sarebbe andato lì da solo. **3.** Delle bambine così piccole non sarebbero uscite alle nove di sera.

Lezione 28 仮定文

Ⓑ1 **1.** Se vai a quel caffè, la trovi sempre. **2.** Se ne compro due, mi fa uno sconto del dieci percento? **3.** Se stasera tornerai tardi, non cucinerò per cena. **4.** Se non smetterai di fumare, un giorno ti ammalerai.

Ⓑ2 **1.** Se fossi in te, accetterei la proposta. **2.** Se potessi andare in Italia, studierei molto. **3.** Se tu volessi diventare professionista, dovresti studiare a scuola.

Ⓑ3 **1.** Se il mare fosse poco mosso, potremmo fare il bagno.

2. Se quell'appartamento costasse un po' meno, mio fratello potrebbe comprarlo. ＊ lo potrebbe comprare でも可。 **3.** Se gli impiegati sapessero usare il computer, potremmo finire il lavoro prima.

ⓒ1　**1.** Se allora avessi vinto la lotteria, ora sarei miliardario. **2.** Se avessero controllato meglio la macchina, non sarebbe successo quell'incidente.

著者略歴
堂浦 律子

兵庫県姫路市出身。
旧大阪外国語大学大学院外国語研究科イタリア語学専攻修士課程修了。
専門はイタリア語教育。
小学館『伊和中辞典』第2版付録「文法解説」執筆（1999年）。
『Eメールのイタリア語』（共著、白水社 2012年）
『会話と作文に役立つイタリア語定型表現365』（共著、三修社 2017年）
『イタリア語文法3段階式徹底ドリル［増補改訂版］』（白水社 2019年）
現在、京都外国語大学他非常勤講師。

協力，CD吹き込み
Alessandro W. Mavilio（アレッサンドロ・マヴィリオ）

1974年、ナポリに生まれる。
ナポリ東洋大学で日本文学と日本映画を学ぶ。
現在、京都産業大学外国語学部助教。
専門は新しいテクノロジーを用いた言語教育。

イタリア語文法徹底マスター

2010年6月30日 初版発行　　2020年7月1日 4刷発行

著　者	ⓒ 堂浦律子
協力，CD吹き込み	Alessandro W. Mavilio
組　版	フォレスト
印刷・製本	三友印刷
発行者	井田洋二
発行所	（株）駿河台出版社 〒101-0062　東京都千代田区神田駿河台3-7 TEL 03(3291)1676（代）　FAX 03(3291)1675 http://www.e-surugadai.com E-mail: edit@e-surugadai.com

本書の無断複写複製（コピー）は、特定の場合を除き、著作者・出版社の権利侵害になります。
Printed in japan
ISBN978-4-411-01744-4 C0087